クライエントの言葉をひきだす

認知療法の「問う力」

ソクラテス的手法を使いこなす

石垣琢麿＋山本貢司 編 ｜ 東京駒場CBT研究会 著

金剛出版

編者まえがき

　本書は，認知療法において重要なソクラテス的手法を具体的に解説する部分と，短期認知療法適合性尺度を紹介する部分の2つに分かれています。これらは，1980年代から90年代にかけて，アメリカでまとめられたり開発されたりしました。それぞれが独自の背景を持っており，互いに関係なく発展したものです。しかし，認知療法を輸入して咀嚼しようとしている私たちからみると，両者は実はとても大切な共通点を持っていることがわかります。その共通点とは，「認知療法で必要とされる『問う力（質問力)』とは何か？」を「問うている」ことです。

　すべての心理療法はクライエントとセラピストとの治療的コミュニケーションによって進展します（森岡, 2016)。このコミュニケーションには非言語的な要素も含まれます。クライエントの声を慎重に聞き取る傾聴の態度もそのひとつでしょう。しかし，本書で取り上げるのは，主に言語的なコミュニケーションの部分です。そして，この言語的コミュニケーションにおいて，認知療法ではとりわけ「問う力」が求められます。

　認知療法には，「秘伝の技」や「伝家の宝刀」といったものはないと言ってもよいでしょう。そもそも，全体として認知行動療法とよばれる領域にはいろいろな考え方や技法が含まれており，体系化さ

れた，統一的な理論があるわけではありません。また，抽象的で高邁な思想や芸術に通じるような文化的背景もありません。特殊な動作・態度や場面セッティングも必要としません。

　では，認知療法は何によってクライエントを支援できるのでしょうか？　第1部の各章で解説されるように，認知療法のセラピストは，クライエントに適切に問いかけることによって初めて，問題を明確にして，面接を構造化し，純粋な知的好奇心に基づいた，知ったかぶりをしない誠実な態度でクライエントとともに問題を解決できるのです。したがって，質問することが認知療法の基本であり，セラピストは何よりもまずこの「問う力」を身につけなければなりません。

　ソクラテス的手法はまさにこの「問う力」を育む方法としてまとめられました。アーロン・T・ベックは認知療法を確立する過程で「問う力」を重視しましたが，そこにはロジャーズのクライエント中心療法とソクラテス的手法が大きな影響を与えたとワイスハー（2009）は言っています。

　一方，短期認知療法適合性尺度は，短期間で認知療法を終了できる，または短期間で問題を解決できるクライエントをみつける方法として開発されました。その目的を達成するためには適切な質問をクライエントに投げかけなければなりません。この尺度は，クライエントが本当は長期間の支援を必要としているにもかかわらず，適切な質問もせず，短期で治療を終結させようとするセラピスト側の強引さへの戒めにもなります。こうしたセラピスト本位の強引さを認知療法はもっとも嫌うはずです。

　本書は基本的に，こうした問いかけがセラピストからクライエントになされる状況を想定して書かれていますが，クライエントが自分自身に，あるいはセラピストが自分自身に問いかける際にも大いに役に立ちます。とくにソクラテス的手法には，問題を明確にしたり，偏りの少ない思考を育んだり，自らをより深く洞察したりするために，きわめて役に立つ問いが含まれているからです。

*

　うつ病・うつ状態に対する認知療法・認知行動療法（以下，認知療法と記します）の効果は，ランダム化対照試験という厳密な方法によって証明されてきました。わが国においても2012（平成24）年から診療報酬が認められたように，気分障害や不安症に対する有効な心理療法（精神療法）として広く認識されるようになりました。精神科の臨床現場で認知療法を実践する専門家が今後さらに増えるという予想に関して言えば，医師の指示のもとで看護師が認知療法を実践することが診療報酬化に直接的に影響すると思われます。また，公認心理師が国家資格として認められたことも間接的に影響するでしょう。

　さて，私は認知療法を学び，諸外国の文献を翻訳もしてきましたが，次の2点について，疑問が残ったままでした。

海外のテキストで必ず言及されている「ソクラテス的手法」とは何なのだろう？
短期間の認知療法で症状が改善するのはどのような人たちなのだろう？

　ソクラテス的手法については，実は日本語の文献にも必ずと言っていいほど名前が登場します。また，ソクラテス的手法は認知療法の基本だと言われてきました（ニーナン＆ドライデン，2010）。しかしながら，解説には具体的な質問内容が挙げられている程度で，その本質については自明であるかのように扱われているため，私としては何となくもやもやした気持ちを抱きつつ長年を過ごしてしまいました。

　昨今，「第三世代の行動療法」とよばれる分野の発展が目覚ましく，その技法や効果が次々と発表されており，クライエントや患者さんのためには大変よいことだと思います。しかし，それを提供する側が，ソクラテス的手法のような重要かつ基本的だと言われてい

る技法に関する知識があいまいなままでは，認知療法の専門的臨床家として不十分だと言わざるを得ません。先にも書いたように，今後も認知療法に触れる医療関係者は増え続けます。その人たちが認知療法の基礎をないがしろにして，新しい技法を学ぶことがあってはならないと思います。また，第三世代の行動療法の技法を導入すべきか否かを決めるためにも認知療法に沿った「問う力」は必要とされるでしょう。

　そこで，本書では，ソクラテス的手法の詳細についてもっとも詳しく解説しているジェームス・C・オーバーホルザーの5部にわたる大論文をもとにして，ソクラテス的手法の認知療法における基礎としての大切さ，「問う力」を育むことの重要性を読者に明快に伝えることを意図しました。この一連の論文は，アーサー・フリーマンが責任編集者である『認知行動療法事典』でも触れられています（フリーマン，2010）。また，論文のなかでオーバーホルザーも「ソクラテス的手法を臨床技法として詳しく解説した文献はほとんどない」と述べているように，この論文がソクラテス的手法の解説としては嚆矢であり，最良の文献であると思います。

　オーバーホルザーはソクラテス的手法を認知療法の1技法としてではなく，認知療法も包含した新たな心理療法として確立したいという意思があったようです。本書のなかには，認知療法と重複する概念や方法がいくつも出てきます。そのため，「両者は同じではないか？」と，認知療法をすでに実践されている読者は戸惑われるかもしれません。もちろん私たちは，新たな心理療法を紹介するためではなく，あくまでも認知療法を豊かにする目的で本書を執筆しました。オーバーホルザーによって精緻に検討された臨床概念や質問技法は，認知療法を深め，可能性を広げるための新しい視点を提供してくれます。ソクラテス的手法は，初学者にとって「問う力」を育むために学習すべき技法ですが，ベテランにとっても新たな視点から認知療法をとらえ直し，自らの臨床を発展させる素材になってくれるでしょう。

次に，短期認知療法が有効な人についての疑問です。「短い」と言っても期間はいろいろありますが，ここでは日本で診療報酬が認められている全10回から16回程度の介入を考えてみます。

認知療法の診療報酬が認められても，認知療法の構造化された面接を外来で定期的に実施することは，日常診療で多忙な精神科医にはなかなか難しいでしょう。そこで，認知療法がうまく合うだろうと医師が考えるクライエントを，訓練を受けたコメディカルに紹介することになります。ところが，認知療法の訓練を受けた医師，心理職，看護師は，全体のなかではまだ少数派であり，どのようなクライエントに認知療法が合うのか，治療・介入をどの程度の期間で終結させるのか，導入に際してどのようなアセスメントを実施すべきなのか，などについてあいまいなまま認知療法を導入している場合があるかもしれません。

認知療法が適切に効果を発揮するためには，提供する側の医療者が，専門家としての信頼性を高めることがまず重要です。日本では，国立精神・神経医療研究センターや一般社団法人認知行動療法研修開発センターが中心となった充実した研修が行なわれており，認知療法のプロセスをチェックするための信頼性尺度（fidelity scale）の日本語版も開発されています。しかし一方で，短期の認知療法が効果を発揮するには，その対象が適切に選ばれていることも重要だと考えられます。見立てと見通しがないままに認知療法を実施してしまうと，かえってクライエントが認知療法への不信感を抱いてしまうかもしれませんし，医療者の努力も報われないかもしれません。

アメリカでも，1980年代は現在の日本と事情は同じであったようです。そこで，短期の認知療法でも有効な当事者を適切に見分けるため，1990年にジェレミー・D・サフランとジンデル・V・シーガルが開発したのが「短期認知療法適合性尺度（Suitability for Short-Term Cognitive Therapy Rating Scale : SSCR）」です。彼らの臨床研究では，この尺度に関する統計的な信頼性と妥当性が検討され，臨床で十分用いることができると考えられています。

短期認知療法が有効な人の具体的な特徴と，彼らをみつけるためにどのような問いかけが必要なのかを教えてくれるSSCRを紹介することは，今後の日本における認知療法の教育やトレーニングのために有意義だと考えます。先に述べたように，第三世代の行動療法を導入すべきかどうかを判断するためにも有用でしょう。また，当事者自身が自らの状態を簡単にチェックして，適切な介入法を選ぶためにもSSCRの質問項目は役立つかもしれません。

　本書は，オーバーホルザーやサフラン＆シーガルの論文をまるごと翻訳したものではありません。認知療法の経験が豊富な中堅臨床家が，ソクラテス的手法とSSCRの項目に関して，「なぜそれらが認知療法にとって大切なのか？」，「『問う力』を育むにはどうすればよいか」を，自らの経験も交えて解説しています。つまり，本書のもうひとつの目的は，認知療法の先輩から新人への「紙上後輩指導」です。なお，本書に登場する事例はすべて架空事例です。

　諸先輩方の努力によって，日本でも専門機関や組織による認知療法のトレーニングは充実したものになっています。しかし，今もまだ足りないのは，現状に即した職場での教育やスーパーヴァイズの機会でしょう。筆者たちは今後も絶えずトレーニングを受け続ける必要がありますが，「もし自分の職場に認知療法を学びたい後輩がいたらどう指導するか？」という問いを自らに投げかけながら本書を執筆しました。本書が認知療法の学びを深めるために役立つことを祈っています。

　2019年1月

石垣琢麿

文献

アーサー・フリーマン 責任編集［内山喜久雄, 大野裕, 久保木富房ほか 監訳］（2010）認知
　行動療法事典. 日本評論社.

森岡正芳 編（2016）治療的コミュニケーション. 臨床心理学 16-5.

マイケル・ニーナン, ウィンディ・ドライデン［石垣琢麿, 丹野義彦 監訳, 東京駒場CBT研
　究会 訳］（2010）認知行動療法100のポイント. 金剛出版.

マージョリー・E・ワイスハー［大野裕 監訳, 岩坂彰, 定延由紀 訳］（2009）アーロン・T・
　ベック─認知療法の成立と展開. 創元社.

目　次

編者まえがき —— I

第1部 ソクラテス的手法とは?

はじめに —— 13

第1章
問いかけることで面接を組み立てよう! —— 29
——系統的質問

第2章
多くの情報を引き出して吟味するための質問法 —— 57
——帰納的推論

第3章
物事の本質をみつけ出し, クライエントの気づきを高める —— 83
——普遍的定義

第4章
「私は知っている」という思い込みをなくすには —— 101
——知識の否認

第5章
自分らしくあることを支援しよう! —— 119
——自己変革

第2部 短期認知療法適合性尺度の活用

はじめに —— 145

第1章 自動思考のとらえやすさ —— 153

第2章 感情の自覚と弁別 —— 158

第3章 自己責任の承諾 —— 163

第4章 認知理論への理解 —— 169

第5章 治療同盟への潜在力1（セッション内の証拠） —— 176

第6章 治療同盟への潜在力2（セッション外の証拠） —— 181

第7章 問題の慢性度 —— 184

第8章 防衛的操作 —— 188

第9章 焦点性 —— 196

第10章 治療に対する楽観主義・悲観主義 —— 203

編者あとがき —— 209

索引 —— 213

第1部

ソクラテス的手法とは？

はじめに

> ソクラテス：ところで，どうでしょうか，ゴルギアス。いまわたし
> たちが話し合っているようなふうに，一方は質問し，他方は答える
> というやり方を，これから先もつづけてもらえるでしょうか。
>
> プラトン『ゴルギアス』（加来彰俊 訳）

1 心理療法における対話のプロセス

　一般に，個人と個人の対話には次の3つのプロセスがあるといわ
れています（ベラックら，2005）。

- 相手から発信された情報に注意を向ける受信のプロセス
- 受信した情報を理解や検討する処理のプロセス
- 処理した結果を相手にフィードバックする送信のプロセス

　心理療法では，セラピストはクライエントから発せられる言語的
および非言語的な情報を，十分な注意を向けて受信します。受信し
た情報をさまざまな専門的方法で処理し，問題解決に必要な内容を
言葉や態度などを使ってクライエントに送信します。クライエント

は，セラピストから送信された情報を受信し，それをクライエントなりに処理して，その結果を再度セラピストに送信します。

こうした心理療法における対話のプロセスは，セラピストがどのような理論に基づいて心理療法を展開しようとしているかによって異なります。たとえば，クライエント中心療法のセラピストは，クライエントから言語的・非言語的に送信される感情に注意を向け，それを共感的に処理し，それによってセラピストに生じた感覚を共感的で受容的な言葉や態度でクライエントに送信します。精神分析的心理療法のセラピストは，クライエントから表出される情報だけでなく，治療関係に潜在的に現れる情報にも注意を向け，それらを精神分析の諸理論に基づいて解釈します。その解釈に基づいてクライエントの無意識を言語化して伝え，クライエントの意識的な自己調整能力を高めようとします。

このように，背景となる理論によってセラピストの目的や対話のプロセスは異なりますが，どのようなセラピストでも，自らがどのような情報を受信し，どのような処理を行ない，どのように送信しているのかを自覚していなければならず，対話のプロセスをクライエントとその問題に応じて適切に調整する必要があります。

1.1 認知療法における対話

認知療法は認知と行動のあり方を変えることで感情，身体反応，行動の問題を解決する心理療法です。クライエントのほとんどは感情や身体に関する症状を訴えますが，その背景に認知と行動の問題があることに気づいているとは限りません。セラピストは，クライエントから送信された情報を適切に受信して，認知行動理論に基づいて整理します。この処理を行なった後，クライエントの問題を認知，行動，感情，身体感覚という要素に分解した情報や，要素間の関係についての情報をクライエントに送信し，彼らの問題への気づきを促したり，問題点をより明確にするためのさらなる情報収集を試みたりします。

しかし，クライエントから過不足ない情報が送信されることはま
れなので，セラピストは質問をさまざまに工夫しなければなりませ
ん。認知療法における質問は，たとえば本書では，分類や比較，根
拠の確認，定量化，要約，仮説形成と検証，などと分類されていま
す。用語が自然科学に似ているため，抵抗がある人もいるでしょう。
しかし，人と人との関係で使うものですから，その本質はもちろん
堅苦しいものではありません。この質問法の基礎をソクラテス的手
法が教えてくれるのです。

1.2 ソクラテスの対話法の起源

　古代ギリシアの哲学者ソクラテス（紀元前470 or 469–399）が，弟
子のプラトンらと繰り広げた対話法を一般にソクラテス的対話
（Socratic dialogue）とよびます（田中，1964）。

　ソクラテスがこの対話法を編み出すことになったきっかけは，神
託，いわゆるお告げでした。彼の弟子がデルポイにあるアポロンの
神託所で，ソクラテスより優れた知恵者がいるのか巫女に尋ねると，
ソクラテス以上の知恵者はいないというお告げがありました。ソク
ラテスは，自分がもっとも優れた知恵者だというお告げに納得でき
なかったために，当時の知識人がどれほど物を知っているのか確か
めてまわりました。彼らに「何を知っているのか？」と問いかけ，
その答えに対して「本当にそうなのか？」と検証する質問をしまし
た。幸福とは何か，勇気とは何か，善とは何か，などというさまざ
まな問いが挙げられましたが，完璧に答えられる知識人は誰もいま
せんでした。

　ソクラテスの対話法には少なくとも2つの大きな特徴があります。
まず，一方が質問し，もう一方がそれに答えるという形式です。こ
れは，互いが意見を戦わせて，どちらが正しいか決着をつける論駁
法とは大きく異なります。問われた相手が「自分はすでに知ってい
る」と思っていることが，本当なのかそうではないのかを明らかに
する目的で行なわれる対話なのです。

2つめの特徴は，真偽を明らかにするための検証法にあります。幸福，善，勇気などについて「真である命題」のことを，古代ギリシア哲学ではロゴスとよびました。英語のロジック（論理）という言葉はロゴスに由来しています。ソクラテスの同時代人であった知識人のロゴスには，彼ら独自の解釈や歪みがありました。つまり，それは「真である命題」ではなく，個人的定義に過ぎなかったと言えます。ソクラテスは，相手の個人的定義を批評したり論破したりするのではなく，矛盾点があればその定義を一旦わきに置いておき，多くの個別例に共通すると思われる別の定義を探し，この新たな定義がさまざまな個別例に矛盾なく通用するかどうかを検証しました。

1.3 近年の哲学におけるソクラテス的手法

太田（2014）によると，ソクラテス的な対話法を応用しようとする試みは浅い歴史しか持たず，哲学の分野では20世紀初頭にドイツのレオナルド・ネルゾンによって提唱・実践され，その弟子のグスタフ・ヘックマンによってグループワークの方法として改良されています。その方法には次のようなルールが定められています。

- 自由で平等な発言の場を提供する
- できる限り具体例を挙げる
- 説明する際に不明瞭さがないものが好ましい
- 実体験から乖離した推論はなるべく控える
- 具体例であっても複雑で理解し難いものは避ける

この「ソクラティク・ダイアローグ」は臨床哲学の手法として認められており，ドイツやイギリスのようなヨーロッパの哲学者が中心となった国際学会が盛んに開催されています（中岡，2017）。

哲学者の中岡（2002）は，この方法の医療現場への応用を提言しています。彼は，治療者が内容に関する発言を控え，治療者と患者が相互に理解することを目指し，具体的で単純だが正確性を確保す

ること，合意をめざすことなどのルールを設定しています。この方法は哲学から生まれたソクラテス的対話法と医療的コミュニケーションとの架け橋になるかもしれません。

2 認知療法の潮流とソクラテス的手法

　さて，ここから認知療法で用いるソクラテス的手法に入ります。当然のことながら，認知療法は心理療法ですから，哲学者が使うような意味でソクラテス的手法を用いているわけではありません。アーロン・T・ベックが1950年代に，認知療法に取り入れたソクラテス的手法の集大成が，本書で解説されるジェームス・C・オーバーホルザーの「ソクラテス的手法の要素（Elements of the Socratic method）Ⅰ～Ⅴ」の論文です。

　ソクラテス的手法について次章以降で詳しく解説する前に，認知療法におけるソクラテス的手法の立場を明確にしたいと思います。

　認知療法には3つの世代があるといわれています。まず，行動へアプローチする行動療法が開発され実践されるようになった「第一世代」。次に，認知へアプローチする認知療法が開発され実践されるようになった「第二世代」。この世代では，第一世代の行動的技法も取り入れられたため，認知行動療法とよばれるようになりました。ソクラテス的手法は第二世代で開発された技法です。そして，第二世代のように認知の内容や形態を問題にするのではなく，認知の文脈や機能にアプローチするマインドフルネスやアクセプタンス・コミットメント・セラピーが含まれる「第三世代」です。

　もっとも新しい第三世代の技法がもっとも優れた方法だから，その他の世代の技法を知る必要はない，と考える人がいるかもしれません。しかし，各世代のアプローチは互いに排他的なわけではなく，むしろ，心理的問題の背景にあるメカニズムに，異なる立場から補完的に作用します。クライエントやその問題に応じてそれぞれの世

代の技法を使い分けたり，併用したりする柔軟な態度がセラピスト
には求められていると言えるでしょう。

2.1 臨床におけるソクラテス的手法の意義

　ソクラテス的手法は，問題を引き起こす偏った非適応的な認知内
容や形態を修正する技法として理解されてきました。しかし，偏っ
た考えに気づくことや，それを修正することだけが強調されると，
誤った結果を生じかねません。認知療法の目標はおしなべて，クラ
イエントの認知の幅を広げたり，多面的にしたり，柔軟にしたりす
ることです。偏った認知内容を修正できても，その修正された認知
に固執してしまえば不適応が生じます。ソクラテス的手法とは，相
手の考えを無理やり変えたり矛盾を指摘したりすることではありま
せん。臨床の場において，思い込みに対する相手の確信度を弱め，
別の考えに対して開かれた態度をとるように導くことが目的なので
す。

　ワイスハー（2009）は，その著作『アーロン・T・ベック』で，
ベックの面接の特長について次のように述べています。彼の面接の
進め方は，ソクラテス的手法を用いる際の優れた手本になるでしょ
う。

　　ベックは話を聞くのがうまいのです。認知療法では実際多く
　の対話が行なわれますが，彼はかなり長いあいだ口を開かずに
　います。じっと話に耳を傾け，それからその話をまとめます。
　まとめ方の中に，すばやくひねりを入れ，そして患者にそのま
　とめ方でよいかどうか，彼らの感じたこと，考えたこと，行なっ
　たことがきちんと表されているかどうかを尋ねます。こうして
　双方向的なやりとりをすることで，形式的でない安心できる面
　接ができるのでしょう。全体を通じてある種の流れと柔軟性が
　あります。患者中心で話が進むのです。

（ワイスハー，2009）

また，ワイスハーは，認知療法におけるソクラテス的手法の目的を次の4つだとしています（ワイスハー，2009）。

①問題点を明確にすること
②思考や視覚的イメージ，仮定を同定（確認）すること
③クライエントにとっての出来事の意味を吟味すること
④特定の思考や行動の結果を評価すること

ただし，この4つの目的は，さまざまな質問法を駆使しなければ達成できないことが，第1部の各章を読んでいただければわかると思います。

2.2 マインドフルネスとソクラテス的手法

第三世代の技法であるマインドフルネスでは，自らの認知から（主観的に）距離を置き，価値判断をせずにそれを眺めるという認知的作業が強調されます。そのために瞑想のような方法も使われますが，その目的は認知的活動を減らして直覚によって事象に含まれる法則性や普遍性を見出すことです。一方，ソクラテス的手法では，その法則性や普遍性を，プロセスが明確な認知的活動によって見出そうとします。

この違いをクライエントやそれぞれの問題に応じて使い分けることが臨床上の要点です。マインドフルネスを学び実践するセラピストも，対極にあるソクラテス的手法を知ることで，さらにマインドフルネスの意義を見出すことができ，臨床の幅が広がるでしょう。

3 第1部の内容紹介

第1部では，ソクラテス的手法について，オーバーホルザーの5本の論文に基づいて検討します。これらの論文は "Elements of the Socratic method Ⅰ～Ⅴ" のタイトルで，専門雑誌 "Psychotherapy" の第30～33巻（1993年から1996年にかけて）に掲載されたものです。各論文のタイトルは次のようになっています。

Ⅰ．系統的質問
Ⅱ．帰納的推論
Ⅲ．普遍的定義
Ⅳ．知識の否認
Ⅴ．自己変革

それぞれの詳しい内容や臨床現場での重要性については各章に任せることにして，ここではオーバーホルザーの論文に基づいて簡単に説明することで第1部への導入とします。

第1部の構成は右の図1のようになっています。

「系統的質問」で示される質問の分類はすべての章に関係します。最終的に「自己変革」を意図的に生み出すことがソクラテス的手法の目的ですが，そのためには，「帰納的推論」によって「普遍的定義」をみつけ出すことと，「知識の否認」の態度を身につけることが大切です。図では一方向的な流れになっていますが，実際はすべてがダイナミックに関連しています。

認知療法の多くのテキストでソクラテス的手法として紹介されているのは，ほとんどの場合，本書第1章「系統的質問」と第2章「帰納的推論」です。これらを学ぶことはソクラテス的手法だけでなく認知療法の基礎にもなりますから重要です。

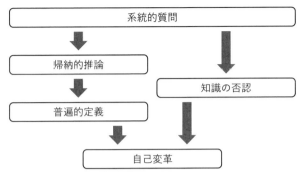

図1　第1部の構成

3.1 問いかけることで面接を組み立てよう！——系統的質問

　心理療法の技法であるソクラテス的手法は，クライエントとセラピストの間で行なわれる「協同的な探究法」のひとつであり，「自分には答えを知らない領域がある」ということをクライエントが自覚できれば，「もっと学びたい」という動機を高められるだろう，という考えのもとで用いられます。論駁法ではありませんから，クライエントのプライドを傷つけるようなことは慎重に避ける必要があります。

　オーバーホルザーの論文では，ソクラテス的な質問の方法を，その「内容」，「形式」，「質問のプロセス」から説明しています。

(1) 内容

　質問の内容は，「問題を明確に定義する」，「コーピングの選択肢を広げる」，「意思決定を行なう」，「検証する」というように，介入の展開にしたがって変化します。また，質問の形式と内容が組み合わされて効果を発揮します。

(2) 形式

形式には「記憶」、「翻訳」、「解釈」、「応用」、「分析」、「統合」、「評価」の7種類があるとされ、とくに分析、統合、評価の質問が多く用いられます。これら3つの質問は、より高いレベルの認知プロセスを引き出すと考えられるからです。

(3) 質問のプロセス

セラピストはセッションが進むにつれて面接の形式をさまざまに切り替えなければなりません。つまり、その回の面接にどのような意味を持たせるかを考えなければならない、ということです。このような面接で用いられる質問のプロセスには5つの要素、「焦点化」、「説明」、「明確化」、「連続的な展開」、「短文の利用」があるとオーバーホルザーは言います。

この論文でオーバーホルザーは「ソクラテス的手法にも限界はある」と言っています。系統的な質問を用いるべきでない対象、または大幅に修正しなければならない対象として次の3つを彼は挙げています。

①小さな子ども
②重度の精神障害や認知症のような器質的な障害を持つ人
③聴覚障害者や母語がセラピストと異なるクライエント

その理由を、①と②は系統的な質問の意義を理解できない可能性があるため、③は言語的相互作用が生じにくいためだとしています。

3.2 多くの情報を引き出して吟味するための質問法——帰納的推論

ソクラテス的手法では、上記の「系統的な質問」と、この「帰納的な推論」を使って、クライエントが「普遍的な定義」を導き出すことを重視しています。

「帰納的な推論」は、「枚挙的一般化」、「類推比較」、「因果的推論」

から成り立ちます。少々難解な単語が用いられていますが，本書の具体的な解説を読んでいただければ臨床での用い方はよくわかっていただけると思います。帰納的推論はソクラテス的手法で中心的な役割を占めるだけでなく，すべての心理療法にとって重要なツールなのだとオーバーホルザーは言っています。

(1) 情報を十分たくさん集めてからまとめてみよう——枚挙的一般化

これは，量的にも質的にも偏りのない事例を多く集め，そこから一般法則を導き出すことです。枚挙的とは，理解すべき情報を偏りなく大量に集めることであり，一般化はそれらの情報を意味ある単位にまとめて理解しやすくすることです。この方法によって，クライエントは自らの知識や経験の枠を超えた一般法則を推論できるようになります。

しかし，クライエントは，枚挙的一般化を間違った方法でやってしまいがちです。クライエントが持つ不合理な思考の多くは，不十分な情報から一般法則を導き出そうとする「過度の一般化」に基づいています。人は，自らが信じたい信念を裏づける情報を得ようとする傾向があります。これを「確証バイアス」とよびます。クライエントは，この確証バイアスに基づいて集められた偏りのある情報で一般化を行なってしまう傾向が強いと言えます。確証バイアスを回避するために，クライエントには「安易な一般化を行なう前に，さまざまな情報を得なければいけない」と繰り返し伝え，実際に行なってもらいます。

(2) 似たものから考えてみよう——類推比較

この目的は，よく知っている状況から未知の状況へとクライエントが知識を応用するのを支援することです。オーバーホルザーは類推という言葉を，表面的な類似性を超えて2つの出来事の「構造的な類似性」を検証する，という意味で用いています。

類推が適切に行なわれると，新しく複雑な問題を，もっと単純で，

見慣れたものへ落とし込むことができるようになります。これによって、クライエントは新しい問題の対処可能性に気づくようになり、不安が軽減するだけでなく、問題による欲求不満や圧迫感も減らすことができるようになります。

（3）原因と結果を明らかにしよう——因果的推論

　この目的は、問題の原因をていねいに検証することです。原因がはっきりすれば、認知療法でそれを修正することができます。何を原因にするかは原因帰属とよばれる認知プロセスの結果ですが、このプロセスが偏っているとさまざまな問題を生じさせてしまいます。

　自尊心が低かったり、社会的な支援が乏しかったり、抱えている問題に圧倒されていたりすると、原因帰属は他者からの影響を強く受けてしまいます。また、うつ病のクライエントは、ネガティブな出来事の責任を自分に負わせるように原因帰属をねじ曲げがちです。自分のネガティブな見方を続けたいという無意識の動機から原因帰属がゆがめられることもあります。そのため、問題の原因をていねいに検証する因果的推論の方法は多くのクライエントに役立つのです。

3.3 物事の本質をみつけ出し、クライエントの気づきを高める
——普遍的定義

　普遍的定義とは、「偏らない定義づけ」と言い換えてもよいでしょう。言葉や出来事の定義は、物事に対する知覚や理解の仕方に影響を与えます。たとえば、「つらい」という言葉をきわめて幅広く定義すると、世の中全体がつらさで満ち溢れているように感じてしまいます。

　普遍的定義を行なうことで、出来事に対するクライエントの理解や解釈におけるあいまいさや偏りが減り、クライエントの認知が広くバランスのとれたものへと変化します。普遍的定義とは物事の本質を説明することですから、多種多様にみえる出来事でさえも、本

質は同じだということがわかるようになります。

オーバーホルザーは，普遍的定義をしなければならない3つの領域を次のように挙げています。

①行動ラベル
②価値基準
③抽象的性質

①は，いろいろな出来事に共通する問題行動を説明するときに用いられます。②は，特定の状況を説明する際に使われるクライエントの信念を意味します。③は，たとえば，勇気，愛，友情，美しさなどに関連したテーマで，クライエントの問題を引き起こす原因になりうるものを意味します。

普遍的定義の方法は，抽象的な概念がクライエントの頭のなかで整理されずに混乱した状態にあるときに効果を発揮します。この作業によってクライエントは，時間や状況を超えて偏らない一般化が可能になり，出来事の変化に一喜一憂しなくなります。クライエントの現実的な態度が育まれるとも言えるでしょう。

3.4 「私は知っている」という思い込みをなくすには —— 知識の否認

「知識の否認」とは，「その時点までに得られている情報を，客観的事実としてではなく，仮の信念，あるいは仮の個人的意見としてとらえること」を意味します。結論をくだすためには，不十分な情報を「まったくの事実だ」，「これで十分だ」と早合点しない態度が必要です。

クライエントが「知識の否認」を行なえば，不適切に正当化された信念を弱め，新しい情報をさらに探そうという態度が強化されます。同様に，これをセラピストが行なえば，介入において謙虚さを保ちつつ，クライエントの「学びへの純粋な欲求」を高めることができるでしょう。セラピストが自分の専門性を振り回さずに謙虚で

いることは，認知療法の基本である協同的経験主義を実現する態度でもあります。

ソクラテス的手法では，とくにセラピストに対して，「知識の否認」の態度を取ることを求めます。「知識の否認」とは「無知の知」と共通する態度です。言い換えると，「知識の否認」とは，「その情報が本当に客観的な知識なのか？」と疑う態度です。つまり，自らの知識に絶対的な確実性はなく，仮の真実，あるいは個人的な意見に過ぎないということを認めることです。

3.5 自分らしくあることを支援しよう！──自己変革

この最後のパートで扱われる自己変革には次の3つの目標があります。すなわち，「自己理解」，「自己受容」，「自己調整」です。それぞれの目標に関して，クライエントに与える恩恵，変革への障害，精神療法による変革のプロセスが論文では説明されています。

(1) 自らを知る──自己理解

自己理解とは，自分の行動，感情，認知，予測，意思，動機，願望などの理解を指します。また，将来の目標や可能性と同様に，現在に影響を与える過去の出来事についての理解，自分の限界，自分の強さや能力に関する理解も含まれます。「人生の幅広い目標への気づき」も自己理解に含まれます。自己理解には厳密なゴールがなく，包括的で継続的なプロセスとしてとらえるべきだと考えられます。つまり，「これで私は十分自己理解できた」と言えるものではない，ということです。

(2) 自らを受け入れる──自己受容

自己受容とは，その個人を全体として認知することです。したがって，自分の強さも弱さも受け入れることになります。これが可能になるためには，冷静で合理的な自己評価が必要です。自己受容することによって，クライエントは「自分が可能な範囲での生活」や「限

界を超えない生活」とは何かを理解できるようになります。

(3) 自らを導く──自己調整

　自己調整とは，自分が望む方法で人生を導いていく能力を指します。ソクラテスは彼の人生を通して，自己調整を強調していました。彼は魂を，理性，精神（あるいは感情），欲求（あるいは本能的な欲望）の3つからなると主張しました。彼にとって自己調整とは，行動を導く理性によって，自分の感情と本能的な欲望をコントロールする能力を意味していました。また，クライエントが自己調整を身につけるためには，自分の欲求と感情に対する適切な自己理解が必要とされます。したがって，ここに挙げた自己理解，自己受容，自己調整はすべて関連しているということになります。

4 まとめ

　心理療法を進展させる治療的コミュニケーションという行為は難しいものです。先に挙げた中岡（2017）は，ドイツの哲学者ディータ・クローンの次の言葉を紹介して，対話の難しさを示しています。

　　　対話は合意を目指す。合意は達成可能ではあるが，単純で易しい課題ではない。努力，規律，忍耐を要する。参加者が互いを十分に理解するような仕方で，すべての人の考えが明確にされる必要がある。説明や理由づけは，注意深く分析・検討される。議論はゆっくりかつ体系的に進められる。その結果，すべての参加者が対話の中身に対する洞察を得る。

（中岡，2017）

　心理療法は，治療的コミュニケーションを成立させて，結果としてクライエントが自己洞察を深めたり問題を解決したりして成長を

遂げることを目的としなければなりません。そのために，それぞれ
の理論と技法を駆使しますが，とくに「問う力」を必要とする認知
療法ではソクラテス的手法を駆使することがこれまでの解説でおわ
かりいただけたと思います。

　次からの各章では，ソクラテス的手法について実際の臨床例に基
づいて具体的に解説していきます。すでに認知療法を実践されてい
る読者は，これまでの面接を振り返りながら，自分の「問う力」を
再分析，再検討する機会にしていただきたいと思います。また，こ
れから認知療法を始めるという読者には，認知療法として必要とさ
れる「問う力」を学んでいただけたら幸いです。

文献

アラン・S・ベラック，キム・T・ミューザー，スーザン・ギンガリッチ［熊谷直樹，天笠崇，岩
　田和彦 監訳］（2005）わかりやすいSSTステップガイド──統合失調症をもつ人の援助
　に生かす 上巻：基礎・技法編．星和書店．

中岡成文（2002）医療におけるコミュニケーションと「ソクラテス的対話」．医療・生命と倫
　理・社会 1-1; 14-21.

中岡成文 監修，堀江剛（2017）ソクラティク・ダイアローグ──対話の哲学に向けて．大阪
　大学出版会．

太田明（2014）レオナルド・ネルゾンと〈理性の自己信頼〉（1）──レオナルド・ネルゾンと
　は．『論業』玉川大学文学部紀要 55 ; 105-129.

Overholser JC (1993) Elements of the Socratic method I. Psychotherapy 30 ; 67-74.

Overholser JC (1993) Elements of the Socratic method II. Psychotherapy 30 ; 75-85.

Overholser JC (1994) Elements of the Socratic method III. Psychotherapy 31 ; 286-293.

Overholser JC (1995) Elements of the Socratic method IV. Psychotherapy 32 ; 283-292.

Overholser JC (1996) Elements of the Socratic method V. Psychotherapy 33 ; 549-559.

プラトン［加来彰俊 訳］（1967）ゴルギアス．岩波書店．

田中美知太郎（1964）世界古典文学大全集 第14巻 プラトン1．筑摩書房．

マージョリー・E・ワイスハー［大野裕 監訳，岩坂彰，定延由紀 訳］（2009）アーロン・T・
　ベック──認知療法の成立と展開．創元社．

第1章

問いかけることで
面接を組み立てよう!

系統的質問

1 はじめに

　第1章では,「第1部 はじめに」で簡単に解説したオーバーホルザーの論文にならい, ソクラテス的手法のひとつである系統的質問を次の3つに分類します。

- 内容的側面
- 形式的側面
- プロセスの側面

　ここでは女性クライエントＡさんとの対話を, 心理面接の開始から1つの問題解決まで提示して, そのなかで系統的質問がどのように用いられているかを具体的に説明します。事例を通して, この質問法がいかに系統立った質問群であるのか, それが用いられるのはどのような局面なのか, それをどのような方法で使用するのか, それによって対話がどのように展開するのか, それによって心理面接がどのように構造化できるか, などについて検討します。

1.1 内容的側面

内容的側面には次の4つの段階があります。

1. 問題を明確に定義する
2. 対処行動の選択肢を広げる
3. 意思決定を行なう
4. 検証する（4-1. 計画，4-2. 評価）

この4段階は，認知療法で初回面接から終結までに行なう作業のミニチュア版とも言えますからとても大切です。

同じ質問でも「問題を明確に定義する」段階と「検証する」段階では，その意味や得られる回答が違います。各段階において，どのように質問をするとどのような結果がもたらされるかを解説します。

1.2 形式的側面

オーバーホルザーの論文では，系統的質問の形式的側面として7つの項目が挙げられています。ここに臨床的に重要と思われる項目を1つ加えて8つとして，次のようにア）からク）で示しました。

ア）記憶の質問　たとえば，「いつ，その問題が始まったのですか？」，「最後にそれが起きたのはいつですか？」，「それが起きたとき，あなたは何をしましたか？」などです。

イ）翻訳の質問　たとえば，「それはあなたにとってどんな意味がありますか？」，「それは私たちにとってどのような意味があるでしょう？」，「あなたのお母さんはこれについてどう言うでしょうか？」などです。

ウ）解釈の質問　たとえば，「あなたの結婚についての問題は，あなたの職業上の問題とどこか似ていますか？」，「それらの状況はどのように似ていますか？」，「それらはどのように異なっていますか？」などです。また，「あなたの最初の結婚から，私たちを助けてくれるよ

うなことが何かみつかるでしょうか？」のように，1つの考えと関係するもう1つの考えを，証拠に基づいてみつけてもらうこともあります。

エ）応用の質問　たとえば，「この問題を解決するために，あなたはこれまでどんなことを試してみましたか？」，「この問題を解決するために，ほかにどんなことができましたか？」，「どのようにしたら，こうした変化が生まれるでしょう？」などです。

オ）分析の質問　たとえば，「その問題をもたらしているものは何だと思いますか？」，「これについてあなたはどんな根拠を持っていますか？」，「あなたが正しいか間違っているかは，どうしたらわかるでしょう？」，「その問題が改善した状況はありましたか？」，「状況を悪くさせるようなことがありましたか？」などです。

カ）統合の質問　クライエントが創造的な思考，あるいは柔軟な思考で問題を解決することを助けるものであるため，さまざまな解決法を連想させなければなりません。たとえば，「この状況では，ほかにどんな方法が思いつきますか？」という質問なら，回答の範囲を限定しません。一方，関連するいくつかの情報を1つにまとめる手助けをすることもあります。

キ）評価の質問　たとえば，「あなたは結婚に何を期待していましたか？」，「あなたは自分の結婚をどのように評価していますか？」，「成功することはあなたにとってどんな意味がありますか？」，「あなたは自分自身を人としてどのように思いますか？」などです。

ク）未来志向の評価の質問　筆者が追加した項目です。詳しくは後ほど解説します。

　これらの質問が内容的側面の各段階においてどのように用いられるのかを「2. 系統的質問の詳細」で，Aさんとの対話を通して説明します。

表1 系統的質問 3つの側面		
内容的側面	形式的側面	プロセスの側面
1. 問題を明確に定義する	ア）記憶の質問	・焦点化
2. 対処行動の選択肢を広げる	イ）翻訳の質問	・説明
3. 意思決定を行なう	ウ）解釈の質問	・明確化
4. 検証する	エ）応用の質問	・連続的な展開
4-1. 計画	オ）分析の質問	・短文の利用
4-2. 評価	カ）統合の質問	
	キ）評価の質問	
	ク）未来志向の評価の質問	

1.3 プロセスの側面

　　セラピストは対話のプロセスに沿って系統的質問を適切に用いなければなりません。そのためには，質問がどのような意図で使用されるのかを理解している必要があります。系統的質問を用いるときの意図には次のものがあります。

- 焦点化　クライエントの注意を特定の領域に焦点化します。
- 説明　クライエントが焦点化の質問を理解できないときに使います。
- 明確化　たとえば，「あなたはなぜそのように考えたのでしょうか？」という質問でクライエントの心のなかにある仮説を明確化します。
- 連続的な展開　たとえば，「あなたの両親はどう反応すると思いますか？」，「もし，あなたが正しかったら，あなたは次に何をしますか？」，「このことは，あなたにこうした問題の対処について何を教えてくれますか？」など，1つの認知や行動が引き起こす反応や，その先の予測について考える問いです。
- 短文の利用　クライエントが面接を尋問のようにとらえないために，相槌のような短いフレーズも交えます。

　　これらは「2. 系統的質問の詳細」で，Aさんとの対話におけるセラピストの発言の末尾に括弧付きで表示されます。

質問の内容的側面	質問の形式的側面				
	記憶	応用	分析	統合	評価
1．問題を明確に定義する	＋		＋＋＋		＋＋
2．対処行動の選択肢を広げる	＋	＋＋		＋＋＋	
3．意思決定を行なう		＋	＋＋		＋＋＋
4．検証する					
4-1．計画		＋＋＋	＋	＋＋	
4-2．評価	＋		＋＋＋		＋＋

注1　＋はその質問の形式の役割が小さいこと，＋＋は中程度，＋＋＋は大きいことを示します。
注2　すべての形式的側面がこの表に掲載されているわけではありません。

　ここで，これまでに挙げた各種の分類を表1にまとめておきます。

1.4 問題解決アプローチによる系統的質問の構造化

　上述の系統的質問の3つの側面に加えて，オーバーホルザーは，ソクラテス的手法にトーマス・J・ズリラとマービン・R・ゴールドフリードの「問題解決アプローチ」を導入しています（ズリラ，1995）。クライエントが主体的，合理的に問題を解決できるように，オーバーホルザーは問題解決的な視点で系統的質問のそれぞれの項目を表2のように構造化しました。本章の事例でも表2の＋から＋＋＋を付記して，その質問の重要性を示します。

2 系統的質問の詳細

　まず，内容的側面の「1．問題を明確に定義する」と「2．対処行動の選択肢を広げる」では，見立てに必要な情報をていねいに把握できるよう，Aさんとの対話を通して形式的側面のア）からク）を適宜用いて網羅的に説明します。そして，Aさんとの対話の後半で

は，「3．意思決定を行なう」と「4．検証する（4-1．計画，4-2．評価）」の段階で，問題への介入手段を絞り込みます。前半と情報が重複するものは省略し，役割が大きい質問だけを示します。

　また，Aさんとの対話でのセラピストの質問はわかりやすい典型的なものにして，対話の逐語も可能な限りシンプルにしています。したがって，実際の臨床場面で応用する際には，この事例での言い回しや内容や順番にこだわる必要はありません。

　Aさんとの対話で行なわれる質問の多くは，セラピストの感想や説明，率直な意見などの言い方に置き換えることもできます。そうすることによって質問が尋問調になることを防ぐことができます。自分であればどのような言い回しができるかをイメージしながらAさんとの対話を読むと，質問のための言葉の使い方を深く理解できるでしょう。

　Aさん（20歳代，女性）とセラピストは，面接室で次のように出会いました（以後，セラピストを「Th.」，Aさんを「Cl.」と表示します）。

〈Aさんとの対話〉

　「こんにちは。どうぞお入りになって，奥のソファへお座りください」。セラピストは，面接室のドアを開け，待っていた初対面の来談者Aさんに声をかけ面接室に招き入れました。2人とも座ったところで，次のようにセラピストから切り出しました。

Th. 初めまして，心理面接を担当させていただきます，セラピストのXです。

Cl. こんにちは。Aです。よろしくお願いします。

2.1 問題を明確に定義する

　まず，クライエントの問題をアセスメントするための質問をします。セラピストからの質問に対してクライエントがどのように反応

するのかを整理することで，クライエントの悩みがどのような背景
から形づくられ，どのようなきっかけで生じ，現在の問題に至った
のかという仮説（見立て）を組み立てます。

ア）記憶の質問（ここでの重要性　+）

　多くの場合，心理面接はクライエントの主訴を傾聴することから
始まります。そのためには，特定の出来事とその詳細について，必
要な情報をクライエントに思い出してもらう質問をします。

　見立てには，クライエントにとって重要な出来事のABC分析がと
ても役に立ちます（ドライデン＆レントゥル，1996；ランメロ＆
トールネケ，2009）。ABC分析とは，刺激（先行して起きる出来事
Antecedent／問題を引き起こす出来事Activating events：A），反応
（行動Behavior／信念Belief：B），結果（Consequence：C）の流れに
沿って，見立てや，介入するために必要な要素を把握することです。

　また，どのような文脈で，何が起こっているのかを把握するため
に，時間的な流れや展開をつかむことも大切です。出来事やその文
脈をクライエントがどのように認識しているかは，推論や解釈の仕
方，あるいはその内容を引き出す質問によって理解できます。こう
した質問を繰り返すことによって，クライエント特有の認知の歪み
のパターンをつかむことができるのです。

〈Aさんとの対話〉

Th. 一番お困りのことは何ですか？（焦点化）

Cl. うーん，何というか……，もうどうしていいのかわからなくて。何
もかもが嫌で，何もする気になれなくなってしまって。

Th. 何もかもが嫌で，何もする気になれないのですね。いつからそのよ
うな状態になってしまったのですか？（第2の焦点化　連続的な展
開）

Cl. 今回のことで言えば，ちょうど1週間前くらい前ですけど，同じよ
うなことは昔からずっとあるというか……。

Th. では，まず今回のことを教えてください。そうなってしまったきっかけに心当たりはありますか？（連続的な展開）

Cl. きっかけですか……。そう，いつも同じだけど，本当に些細なことなんです。今回は，友達と普通に一緒にいただけなんですけど。喋っていると，つらくなってしまって。

Th. 喋っているとつらくなったのはなぜですか？（明確化）

Cl. 一方的に相手の話や意見を聞いたり，お願いをされたり，聞きたくない他人の悪口を聞いたりしている状況になると，つらくなってしまって。

Th. つらいをさらに具体的な言葉で表現することはできますか？（焦点化）

Cl. 具体的に？　つらいはつらいとしか……。

Th. つらいときというのは，Ａさんのなかではどんなことが起きている状態ですか？　身体で感じる感覚や，どんな感情が湧いていたか，わかることはありますか？（説明）

Cl. 身体の感覚？

Th. 嫌なことに向き合わなきゃならなくなると胃が痛くなるとか，嫌なことを考えすぎていたら頭痛がするとか，胸が苦しくて切ない気持ちみたいに，気持ちの動きと一緒に出てくる身体の感覚はありますか？（説明）

Cl. うーんと，たとえば，友達の話や表情に対して体中の気を張り巡らせて緊張しているというか，焦っているというか，そういうことですか？　そんな状態だから，後で頭が痛くなることもよくあります。あとは，諦めの気持ちとか，自分への怒りもあります。

Th. なるほど。では，そのときに頭のなかに浮かぶ考えやイメージはありますか？（連続的な展開）

Cl. 頭のなかの考えやイメージ？

Th. たとえば，失敗したときの「しまった」とか「何でこんなことしちゃったんだろう」とか，自分のなかに瞬間的に湧き上がる，心のつぶやきみたいなものがあると思うんですが，このときにもありま

第1章　問いかけることで面接を組み立てよう！　37

したか？　他にも，その状況のイメージが頭にありありと浮かぶと
か？（説明）

Cl. ああ，その瞬間は，「どうしよう。自分はどうしたらいいんだろう。
でも，友達が楽しんでいるんだからしょうがない。聞き続けて友達
に合わせなきゃダメだ」と考えています。

Th. なるほど。さらにそれからどうなっていきますか？（連続的な展開）

Cl. その場では我慢して押し殺して，友達に合わせます。

Th. さらにその後は何かありますか？（連続的な展開）

Cl. その後は……，家に帰って一人になってから，今回は暴飲・暴食を
して，睡眠薬を多めに飲んで寝てしまいました。

Th. そうだったんですね。（短文の利用）

Cl. でも，これでもよくなったと言っていいのかわからないけど，以前
は物を投げて壊したり，手首を切ったり，薬をたくさん飲んじゃう
ということもあったから……。

Th. そうなんですか。なぜ，変わったんですか？（明確化）

Cl. 前の先生に言われたからというのもあるんですけど，「そうしちゃい
けない。自分をもっと不幸にするだけ」と今は思えて。でも，そこ
はよくなったけど，結局，誰かと一緒にいてそういうことが1回あ
ると，疲れきって帰ります。自傷した直後はスッキリするけど，だ
いたい次の日は一日中ほとんど動けなくて。そこから何日かは何も
する気になれずに，動けないままダラダラして，生活リズムが狂っ
ちゃうことが多いんです。気力が出てきて外に出よう，人と会おう
とすると，結局また同じことの繰り返し。私の生活にはそれ以外が
ないんです。

　このように「記憶の質問」は，起こった出来事の頻度・強度・期
間などを尋ね，情報を精緻にすることができます。また，家族歴や
生育歴・既往歴なども必要に応じて尋ねます。
　この対話のなかでAさんは，幼少期に両親が離婚していること，
自分のために働く片親の姿を見ていて，わがままは言えなかったこ

と，小学生の頃に友達との意見の食い違いがもとでいじめられたこと，それでも心配をかけたくなかったので親に言わなかったこと，その頃から人と関わらず，一人で悩みを抱え，少しずつ自傷が始まったことなどを話しました。

「記憶の質問」によって導かれる「事実」は，記憶違いだったり思い込みだったりするかもしれません。しかし，セラピストは客観的事実だけではなく，「心的現実」も扱わなければなりません。たとえ客観的事実でなくてもクライエントが語る事実は重要な情報であり，見立てと介入のための論理的な推論に役立ちます。このような情報を過不足なく集めることが臨床では大切です。

また，クライエントから情報収集をして，ある程度の見立てを作る際，セラピストがそこで行なう論理的な推論は，認知療法では認知行動理論と認知行動モデルに基づかなければなりません（ドライデン＆レントゥル，1996；ランメロ＆トールネケ，2009）。その知識が豊富であればあるほど，ソクラテス的手法も洗練されたものになるでしょう。

イ）翻訳の質問

クライエントの情報や思考を別の形に変換してもらう質問です。次の2つを確認するために役立ちます。

- クライエントが自分の心の動きをどのように感じ，どのようにとらえているのか？
- 十分意識して理解できている部分と，そうでない部分があるのか？

〈Aさんとの対話〉

Th.「聞き続けて友達に合わせなきゃダメだ」と我慢して，自分を押し殺して相手に合わせることは，Aさんにとってどんな意味があるのですか？（焦点化）

Cl. 意味，ですか？

Th. 他人に合わせて，自分を押し殺す理由と言ってもよいでしょう。（説明・明確化）

Cl. もし自分の考えを言ったら，反対意見を言うみたいで嫌われちゃうんじゃないかと不安です。だから合わせていないと，たった一人の友達なのに離れていっちゃう。

Th. なるほど。（短文の利用）

Cl. それに，向こうはせっかく私のために会ってくれているのに，何でちゃんと応えられないんだろうって思うんです。表面上は応えているけど，頭のなかでは違うこと考えているなんていけないと思います。

Th. Aさんが自分の意見を表に出すことや，出さなくてもそういうことを思ってしまうことは，そんなに相手を不快にすることなんですか？（明確化）

Cl. そうなんです。私は，とってもわがままで自己中心的な人間なんです。他人と一緒にいると迷惑がかかるから，生きていてはいけないと思っていた時期もありました。

　「翻訳の質問」は，不合理な信念，スキーマ，ルールなどとよばれる認知を明らかにするために使われます。認知療法では「下向き矢印法」とよばれる技法を使用するプロセスで，この質問が用いられることが多いでしょう。これによってクライエントの推論の偏りや認知の歪みの背景にある信念を見つけることができます。また，事例の定式化（ケースフォーミュレーション）[注1]を行なう際に，セラピストとクライエントの双方が帰納的な推論（第2章を参照してください）を使いやすくなりますし，クライエントの考え方や体験の仕方が理解できるようになるため，クライエントの気分の変化も理

注1）事例の定式化とは，そのクライエントの問題が生じる流れを明確にする方法で，認知療法では多くの場合に図式化され，視覚的にクライエントに提示されます。

解しやすくなります。

ウ）解釈の質問

　クライエントが，事実，概念，定義，技能，価値などの間に関係を見出すことを支援する質問です。「解釈の質問」では2つの視点や考えをクライエントに示し，それらの関係を検討してもらいます。身体感覚や感情，認知，行動，結果，環境などのさまざまな要素が互いにどのように関連し，どのように機能しているのか，それらの関係性をクライエントはどのように解釈しているのか，について具体的に尋ねます。

〈Aさんとの対話〉

Th. 自傷には人によっていろいろな理由がありますが，Aさんにとっては怒りやスッキリ感などと自傷との間に，どんな関連がありますか？（焦点化・明確化）

Cl. 自傷をすれば，その後，つらさや疲れがとれるような，忘れられるような感じもあるんだと思います。

Th. 他にもありますか？（連続的な展開）

Cl. ……うまくできない自分を罰するような感覚もあるんだと思います。

Th. 過食はどうですか？（焦点化）

Cl. 過食なんかは単純にすぐに満たされたいだけかもしれません。物を壊したり暴れたりしたいのも，何か発散したいというか，とにかくそうしたい感覚だと思います。

エ）応用の質問

　この段階では，「応用の質問」によってクライエントが自分の問題にこれまでどのように対処していたのかをアセスメントします。これまでの対処法が今後役立つ場合もあれば役立たない場合もありますが，それも質問によって明らかになります。

第1章　問いかけることで面接を組み立てよう!　41

〈Aさんとの対話〉

Th. これまでで，何か少しでも軽くできたり，よい方向に変えられそう
なことはありましたか？（焦点化）

Cl. 今のところ何もみつかっていません。

Th. 本当に「何も」でしょうか？（連続的な展開）

Cl. そう言われると，どうでしょうか……。

Th. どんな些細なことでも構いません。（説明）

Cl. ……そう言われてみると，誰かと別れてから自傷をしそうになるま
での間に，自分の好きなことをして気分がよくなれば，そのまま何
もせずにやり過ごせることはあるのかもしれないです。でも，ほと
んど上手くはいきません。

オ）**分析の質問（ここでの重要性　＋＋＋）**

　問題を客観的，論理的，演繹的に分析するようクライエントに求
める質問です。この段階では，自分の心的現実は「事実」なのか，
歪められて増幅された認知なのか，ということへの気づきをアセス
メントすることになります。この質問への反応によって，クライエ
ントが自分の思考や信念にどの程度とらわれているかがわかります。
また，アセスメントするだけではなく，新たな気づきを生むことに
もなります。

〈Aさんとの対話〉

Th. 本音を出してしまったら嫌われてしまうんじゃないか，相手は離れ
ていってしまうんじゃないか，ということについて，Aさんはどん
な根拠を持っていますか？　事実に基づく根拠のことですが。（焦点
化）

Cl. そういう根拠はないかもしれません。でも，私が別のことを話せば，
相手の表情が変わります。そこからどうなるか，とても怖いです。

Th. 誰かと一緒にいるときは，いつも怖がっているのですか？（明確化）

Cl. いつもと言われると……。同じことで笑ったりできているときは，

たしかに楽しんでいる瞬間もあるとは思います。

Th. 逆に，状況をさらに悪くさせるようなことはありますか？（連続的な展開）

Cl. やっぱり，私の考えが表情や態度に出てしまったときですね。友達や相手の表情が曇ります。

カ）統合の質問

　　クライエントに視野を広げてもらい，創造的で柔軟な，統合的な思考で問題を解決することを助ける質問です。この段階では，クライエント自身が問題解決的な行動をどの程度できるかをアセスメントするために使います。

　　〈Aさんとの対話〉

Th. 家に帰った後の過ごし方で，少しでも自分にとって望ましくなるような工夫をしていますか？（焦点化）

Cl. 先ほど話したように，自分の好きなことをして気分がよくなればいいんですけど，成功することが少なくて。結局，自傷してしまうことが多いんです。

Th. やっぱり，難しい？（短文の利用）

Cl. うーん。疲れをとるために癒しグッズとかいろいろ試したんですけど，それでも，やっぱり自傷したり，動けなくなったりしてしまうんです。

キ）評価の質問（ここでの重要性　＋＋）

　　何らかの基準に基づく判断をクライエントに要求する質問です。この段階では，主訴や思考や感情のまとまりを，結論としてどのようにとらえているのかをアセスメントします。次の「未来志向の評価の質問」と合わせて，相談内容がどのような問題であり，それをどのように解決していきたいのか，どこまで到達したいのかを定義することは重要です。こうした方向性が見えないと，セラピストの

方針も定まりませんし，クライエントの治療に対する動機づけも高
まりません。

〈Aさんとの対話〉

Th. Aさんは，この問題をどのように理解していますか？（焦点化・明
確化）

Cl. もう何年もこんなことの繰り返しが嫌で，消えていなくなれたらど
んなに楽かとも思っちゃうし。でもそうはできないし。今後も，私
にはその友達以外仲のいい相手もいないし，また，一緒に過ごした
らこうなってしまうと不安で，でも遊ぶ約束をしないと寂しくて，
自分から近づいてしまっていて……。

Th. どう転んでも，よい結果にはつながらない？（明確化）

Cl. 絶望的というか，それを通り越して，とても空虚というのか虚無感
みたいな……。話しているだけで憂うつになってきました。

Th. そうなってしまいますよね。（短文の利用）

Cl. はい。

Th. それでも，どうしていいかわからないことを，こうして相談しに来
られましたね？（連続的な展開）

Cl. 治りたいです。でも，治っちゃいけないような気もします。

ク）未来志向の評価の質問

　　クライエントの目標を明確にして，価値を置きたい方向性の再発
見や再確認ができます。この質問に対する回答から，認知療法全体
の方向性を具体化することができます。

　　目標は明確に，現実的な形で述べられなければなりません。目標
が抽象的で漠然としていると，変化への動機づけが高まらないから
です。認知療法でゴールの設定はとても重要です。目的地次第で，
どんな筋道で何をするのかという方針が変わってしまうことに注意
してください。

〈Aさんとの対話〉

Th. Aさんは，この心理面接を受けることで，どうなりたいと思いますか？（焦点化）

Cl. できるものなら，他人と一緒にいてもつらくならないようになりたいです！　でも，どうしたらいいのか，わかりません。

Th. それを一緒に考えていきましょう。もしつらくならないとしたら，現実的にはどうなれればいいですか？（連続的な展開）

Cl. ……わからないです。

Th. 具体的にどんな行動がとれるようになっていたら，つらくないと言えるようになっているでしょうか？（説明・明確化）

Cl. 人と話して帰ってきても，その後も支障なく自由にしたいことができるようになりたいです。

　以上のように「1. 問題を明確に定義する」では，質問によって少しずつ外堀から必要な情報を埋めていくことが一般的です。最初は一通り形式的に質問する比率が高いかもしれません。しかし，最終的には，認知行動理論に基づいたケースフォーミュレーションをまとめるために，質問を戦略的に用いるよう努めます。「5W1H」の質問も使って，臨場感ある理解をめざして状況を明確にします。クライエントが質問にうまく答えられなかったとしても，そこでクライエントに関する仮説を更新することができます（本書第2部の「短期認知療法適合性」を評定する際にも有用な情報を収集できます）。

　ソクラテス的手法は，単に情報を引き出す方法ではなく，クライエントとセラピストが一緒に考えながら，クライエントが本人なりに納得のいく結論を導く方法でもあります。したがって，質問がクライエントから答えを引き出し，納得いく結論に向かって推進する機能を持っていれば，形式にこだわりすぎてはいけません。

　ここまでの情報でAさんの問題を明確化して，ケースフォーミュレーションできますか？　次の「2.2 対処行動の選択肢を広げる」に入る前に，自分の見立てをフォーミュレートしてみましょう。

2.2 対処行動の選択肢を広げる

　　ここでは，解決策を探るために，セラピストとクライエントは協同的に試行錯誤をしていろいろなアイデアを出します。そして，問題への対処行動を検討します。

ア）記憶の質問（ここでの重要性　＋）

　　解決策を論理的に考えるために確認したい情報があれば，それを再生・再認してもらうことから始めます。

　　〈Aさんとの対話〉

Th. では，人と話して帰ってきても，その後も支障なく自由にしたいことができるようになるためにどうしたらいいのか，一緒にいろいろ考えていきましょう。まずお聞きしたいのは，Aさんからみてお友達はどんな性格の方なのですか？（焦点化）

Cl. そうですねえ。自分を持っている，自分の意見を持っている感じです。芯が強いところはあると思います。

Th. ハキハキしていて，押し通されるということですか？（明確化）

Cl. まあ，そう言われるとそうですが……。でも，なんと表現していいのかわからないけど，平等とか優しい気持ちと言ったらいいのか，そういうのも持っている人なんです。私のこともこういう性格だとわかっていながらも，友達でいてくれるわけですから。

イ）翻訳の質問

　　情報や考えを別の形に変換することで，解決策につながるアイデアが生み出されることがあります。

　　〈Aさんとの対話〉

Th. Aさんの性格を理解していて，それでも友達でいてくれている。しかし，相手の方がAさんと友達でいるのはそんなにやりにくいことなのですか？（焦点化）

Cl. 私なんかと一緒にいて楽しい人は，そういないと思います。自分の意見をあまり言わないし，何を考えているかわからないと思ってるんじゃないでしょうか。実際にそう言われたことがあります。

Th. それなのにそのお友達が一緒にいてくれるということは，どういうことになりますか？（明確化）

Cl. そうですね……。私に対しても興味，関心を持ってくれているというのか，思いやりがあるというのか，そんな感じだと思います。ありがたいからこそ，私も友達が楽しんでるのを台無しにしないように，もっともっと楽しめるようにしてるんです。

ウ）解釈の質問

　　2つの視点や2つの考えをクライエントに示して，それらの関係を検討してもらいます。また，ある考えと関係する別の考えを証拠に基づいてみつけたり，すでに知っている知識や考えに新しい問題を結びつけたりすることで解決策をみつけます。

〈Aさんとの対話〉

Th. 今回の出来事の経緯をお聞きしたときに，諦めの気持ちがあるとか，我慢して押し殺してとか，頭のなかでは違うことを考えているとか，自傷で発散するとかとおっしゃっていましたが，それはつまり，表に出していない気持ちがあるということでしょうか？（焦点化）

Cl. まあ，確かにその通りです。私のなかで，ちょっとしたムカつきだとか，嫌悪感，ショックや悲しみみたいなものが動きます。でも，それはいけないことです。

Th. もうひとつ聞きたいのですが，Aさんの生い立ちのお話を聞いたときも，わがままは言えなかったこと，意見の食い違いからいじめられたこと，心配をかけたくないので言わなかったことなどがありましたが，これらの状況や反応は今のこととどのように似ていますか？（連続的な展開・明確化）

Cl. 似ているというより，その繰り返しです。私はずっと，自由に言い

たいことも言えないんです。でも，言ったら言ったでよくないことが待っています。

Th. それとは違う結果になったことはありませんでしたか？（連続的な展開・明確化）

Cl. 幼いときのことは……，自由に言っていたら違ったのかなって，今さらですけど思うことはあります。

Th. そのことから私たちは何がわかるでしょう？（明確化）

Cl. ……真剣に聞いてくれる相手になら，自分の意見を言ってもいいのかな？

　　クライエントは，それらの関係を他者から説明されるよりも，自ら発見することでよりよく学習できます。クライエントが新しい視点を発見するために，何度も言い換えて質問します。

エ）応用の質問（ここでの重要性　＋＋）

　　以前に検討した特定の問題場面に焦点をあてて質問します。そうすることで，すでに持っている情報をクライエントに自覚してもらい，今の問題にそれを応用するように促すことができます。必要な段階を踏んでもらうための指示が多少含まれることもあります。

　　〈Aさんとの対話〉

Th. 昔からの暗黙の役割から解放されてもいいんじゃないでしょうか？（説明）

Cl. 自分の本音を出してもいいということですか？　でも，それは無理です。そんな怖いことできません。

Th. それはどうでしょう。人と話して帰ってきても，その後も支障なく自由にしたいことや生活ができるようになるために，効果がありそうなら，それもひとつの策だと思いますが？（説明）

　　セラピストが良策だと思うことを情報のひとつとして提案して，

検討することもあります。しかし，その際には，セラピストからの押し付けにならないように注意しなければなりません。

オ）分析の質問

　この質問によってクライエントの客観性と論理的思考が促進されます。つまり，信念に関する不適切な根拠や非論理性へのクライエントの気づきが高まります。

〈Aさんとの対話〉

Th. この面接では，自分の本音はどうしていますか？　我慢して，押し殺して私に合わせていますか？　それとも，本音を出していますか？（焦点化）

Cl. 何でも正直に話しているつもりです。なぜそんなことを聞くんですか？

Th. もし本音が出せているなら，ここではなぜいつものようにならないのか尋ねたかったのです。（説明・明確化）

Cl. だって，心理面接を受けに来ているからです。せっかく来ているのに本当のことを話さなかったら，よくならないでしょう？　それに，先生は専門家だし，何を話しても大丈夫でしょう？

Th. 私の表情は変わりますか？（連続的な展開）

Cl. 変わります。いろんな表情をしていると思います。

Th. 私も表情を曇らせることはあったかもしれませんが，基本的には，Aさんに対して配慮や期待のような気持ちを常に持っています。それとも，私はAさんに常に恐怖を与えているでしょうか？（説明・明確化）

Cl. そんなことはありません！　一瞬不安になるときがなかったと言えば嘘になりますけど，それでも一緒に考えてくれていると感じるので，こうして毎回来ているんです。

　感情の問題や対人関係の問題は，その強いインパクトに注意を奪

われ，クライエントには受け入れがたく手に負えないものにみえて
しまっています。分析の質問は，論理的な結論に至る思考プロセス
をクライエントに自覚してもらうことに焦点を置いて，結論は適切
な根拠のもとに導かれなければならないということが強調されます。

カ）統合の質問（ここでの重要性 ＋＋＋）

　クライエントの視野をさらに広げて，創造的で柔軟な思考で解決
策を生み出すための質問です。この段階では回答の範囲を限定せず，
さまざまな解決法を考えてもらいます。

〈Aさんとの対話〉

Cl. 疲労をできるだけ後に残さないためのストレッチや，リラクゼーショ
ン，生活リズムを整えるためのルール作りならたくさんアイデアが
出る気もしますが，それで変われるか自信がありません。

Th. 今の段階では，いろいろな対処方法を検討してみましょう。ここでは
「量の法則」と「判断保留の法則」という２つの法則が大切です。「量
の法則」とは，アイデアを出せば出すほど，そのなかに思いがけずよ
いアイデアが含まれる可能性が高くなるというものです。「判断保留
の法則」とは，アイデアを検討している間はどんな些細なことでも洗
いざらい口に出す，つまりアイデアの量を増やすことだけに専念し
て，その価値や評価の判断はしないというものです。Aさんの状況で，
できそうなことは他にないでしょうか？　人と話して帰ってきても，
その後も支障なく自由にしたいことや生活ができるようになることに
関係しそうなことなら何でも構いません。（焦点化・説明）

　セラピストは，答えをあらかじめ用意して，クライエントがそれ
と同じ答えを出すように仕向けてはいけません。そのためにも，オー
プン・クエスチョンを多用することになります。この段階は，問題
解決療法でいえば，ブレインストーミングや対処行動の選定の段階
ということができます。

キ）評価の質問

　　検討されたさまざまな解決策の選択肢を，それぞれ評価してもらいます。

〈Aさんとの対話〉

Th. 今まで出たアイデアのなかで，やってみたいものや，うまくいきそうなものはありましたか？（焦点化）

Cl. 勇気がいるけど，やってみたいものはあります。

　　この時点で，自分の問題から心理的な距離を取りながら，問題の全体像を理解して，そのうえで何をすべきかを考えることができればクライエントの動機づけは高まります。

2.3 意思決定を行なう

エ）応用の質問（ここでの重要性　＋）

　　以前に検討した応用可能な選択肢に対して，それを実行するのにかかる時間，労力，感情などの負担について見積もります。さらに，選択肢の利益と不利益を検討することで，クライエントは自分にとっての最善のコーピング方法やその組み合わせを特定できるようになります。

〈Aさんとの対話〉

Th. 今まで検討したアイデアのなかで，やってみたい，うまくいきそうだと思えたものはどれですか？　対処方法を選んでいきましょう。実行する際に時間や労力，感情に負担がかかるなら，どこまでなら我慢できるかも考えます。いろいろなアイデアを組み合わせたほうがいい場合もあります。（焦点化・明確化）

Cl. やっぱり，怖いことではあるけど，友達が相手なら，自分の考えや本音を出してみるのが一番いいと思う。後でダメージを回復しようといくら頑張っても，今までと同じでうまくいかないと思う。根本

的に，ダメージを受けずに済むようになるのなら，思い切って試してみたいです。

オ）分析の質問（ここでの重要性　＋＋）

　　特定の状況でも実行できそうな選択肢があるか，その行動がもたらす短期的／長期的な結果は何か，などについてクライエントが系統的，かつ客観的に評価できるように支援して，解決策を絞ります。

　　〈Aさんとの対話〉

Th. それは実行可能でしょうか？　短期的／長期的な結果はどうなりそうですか？（焦点化・明確化）

Cl. 他の人だったらそうは思えないけど，彼女は優しくて，思いやりもあって，私に関心を向けてくれる人だから，真剣に向き合ってくれる可能性が高いと思うのです。だから，切り出してみます。短期的とか長期的とかというのは，彼女の表情の変化と，その後の関係の変化の両方を観察してみることですよね？　これも，その瞬間の表情の変化は怖いけど，彼女だったらそれだけで私を嫌いにならないと信じたい。

カ）統合の質問

　　挙げられた解決策に対して，視野を広げ，創造的／発散的な思考で検討するのはもちろんのこと，統合的な思考で関連するいくつかの情報をひとつにまとめて行動計画を絞るように援助します。

　　〈Aさんとの対話〉

Th. 他にも組み合わせるものはありますか？（焦点化）

Cl. 彼女の表情や，態度を観察して，慎重に探りを入れながらやること。逆に考えすぎて怖くなりすぎるくらいなら，思い切って勢いで，何か身振りや声でもいいから出してしまうこと。どうせやるのなら一緒に試したいです。

キ）評価の質問（ここでの重要性　+++）

　　絞られた行動計画について，もっとも起こりそうな結果を推測して評価します。

〈Aさんとの対話〉

Th. うまくやれそうですか？（焦点化・明確化）

Cl. 不安と期待とが半々です。それに，ひどい結果になっても，彼女が私との関係をすべて絶つことはないんじゃないかと思います。だから，試してみてうまくいったら，今までずっと同じことの繰り返しだった自分が変われる。少なくとも，今までには経験しなかった新しい結果が出ます。

2.4 実際に検証する（計画）

エ）応用の質問（ここでの重要性　+++）

　　選択された行動計画の実行を検討します。特定の場面でクライエントが実行できるように，行動変化のためのセラピストからの指示が含まれる場合もあります。

〈Aさんとの対話〉

Th. どのように検証したらいいでしょう？（焦点化・明確化）

Cl. ちょうど，また彼女と会う予定を入れました。そのときに，自分の本音を出したらどうなるか，試せるだけ試してみようと思います。

オ）分析の質問（ここでの重要性　+）

　　選択された行動計画は，現実的に実行できるか，実行できた場合の短期的／長期的な結果，などを確認します。

〈Aさんとの対話〉

Th. 試せそうですか？（焦点化・明確化）

Cl. ここでの面接で大丈夫だったように，一度彼女の表情が変化しても，

その後どうなっていくのかまで，怖いけど確認したいです。

カ) 統合の質問 (ここでの重要性　++)

　　行動計画を実行に移す際，成功の可能性をさらに高められること
はないのか，創造的，発散的，統合的な思考で視野や選択肢を広げ
て，ダメ押しの検討をしてみましょう。Ａさんとの対話では，コー
ピング・カード法も取り入れて実行可能性を高めています。

〈Ａさんとの対話〉

Th. 成功する可能性をもっと高めるために，何かできることはあるでしょ
うか？（焦点化・明確化）

Cl. できるだけ慎重に探りを入れながらやることですね。逆に，考えす
ぎて怖くなりすぎるくらいなら，思い切って勢いで，何か身振りや
声でもいいから出してしまうこと。彼女は優しくて，思いやりもあっ
て，私に関心を向けてくれる人だから真剣に向き合ってくれる可能
性が高いということ。これを忘れないように，ポケットに入るメモ
用紙に書いて，いつでも見て，思い出せるようにしておきます。

2.5 実際に検証する (評価)

ア) 記憶の質問 (ここでの重要性　+)

　　実行された行動の結果を検証するために，実行したときの状況を
再生・再認してもらいます。

〈Ａさんとの対話〉

Th. 実際にやってみることができましたか？（焦点化）

Cl. なかなか切り出せませんでしたけど，途中で何とか自分の考えを出
すことができました。怖くて目線はそらしてしまったんです。だか
ら，その瞬間に彼女の表情が変わったかどうかよくわかりませんで
した。でも，「やることはやった！」と思いました。

オ）分析の質問（ここでの重要性　＋＋＋）

　　　行動の流れを一緒に再検証できるように，要素や関連性を分解して，客観的，論理的，演繹的に分析しながら説明してもらいます。

〈Aさんとの対話〉

Th. それで？　自分の本音を出していいかどうかについては，どのような結果になりましたか？（連続的な展開）

Cl. そのときに，ビックリすることが起こったんです。彼女は喜んだんです。

Th. そうですか！　そのようになったのは，なぜだと思いますか？（明確化）

Cl. 彼女は，私の性格というか，状態を知っていたから，無理をさせないようにあえて気持ちを引き出すようなことはしなかったけど，いろいろ心配してくれていたみたいで。

キ）評価の質問（ここでの重要性　＋＋）

　　　実際に行動した結果を総合的に評価してもらいます。うまくいった場合は，さらに強化，維持，般化して行動を活性化させます。そのために，本人の効力感や充実感を面接中にも味わってもらったり，結果を一緒に喜んだり労ったり，適応的なルールを一緒に考えたりします。うまくいかなかった場合は，トラブルシューティングが可能なように評価してもらいます。

〈Aさんとの対話〉

Th. それはよかったですね！（短文の利用）

Cl. はい。とても嬉しいです。

Th. この経験から私たちは何をみつけたでしょう？（連続的な展開）

Cl. 今回の，行動実験……ですか？　思い切ってやってみて，結果がどうなのか確かめるということが，できるできないは別として，とても大事なことだとわかりました。

ク）未来志向の評価の質問

今後もどのような選択肢を選ぶべきか，新たに何に働きかけるか，どんな結果が期待されるか，などについて評価して，未来の方向性をさらに明確にします。

〈Aさんとの対話〉

Th. 素晴らしいです。今後も彼女と会うときは，同じように挑戦できそうですか？（連続的な展開）

Cl. 毎回毎回，話の内容によっては怖いけど，これからも彼女には自分を出しても大丈夫だと言い聞かせて，少しずつ出していければと思います。

Th. 彼女以外はどうですか？（連続的な展開）

Cl. それは，まだまだハードルが高いです。でも，こうして相談しながら乗り越えたいです。

3 まとめ

以上のように，面接の始まりからひとつの問題の解決までの流れを追ってみると，ソクラテス的手法が認知療法の構造化にとても役立つことが理解できます。つまり，問題を明確に定義する，対処行動の選択肢を広げる，意思決定を行なう，検証する（計画・評価）という認知療法の重要な局面はソクラテス的手法が展開させていると言ってもよいのです。また，この質問法は，クライエントの心的現実に関して記憶・翻訳・解釈・応用の質問で情報を付け加えながら，分析・統合・評価の質問をていねいに繰り返すことで，クライエント自身が問題解決を進められるように導く働きもあります。良い質問とは，クライエントに深く考えさせるものでなければいけません。

この系統立った質問群は，次章以降の「帰納的な推論」，「普遍的

定義」,「知識の否認」,「自己変革」に用いられるだけでなく, 認知
療法を含むすべての心理的介入で用いることができます. 行動を詳
しく検討したいときは行動分析が, 動機づけを高めたいときには動
機づけ面接法が, 無意識に抑圧された記憶や思考を明らかにするた
めには自由連想法がそれぞれ有効ですが, クライエントの認知的側
面に焦点をあてるとき, ソクラテス式質問法はもっとも効果を発揮
します. また, この質問法を通してクライエントの実像がより明確
になるとともに, クライエントの気づきを高めたり, 治療の目標を
クライエントとセラピストが共有できたりします.

文献

ウィンディ・ドライデン, ロバート・レントゥル 編 [丹野義彦 監訳] (1996) 認知臨床心理学
　　入門——認知行動アプローチの実践的理解のために. 東京大学出版会.

トーマス・J・ズリラ [丸山晋 監訳, 中田洋二郎, 杉山圭子, 椎谷淳二 訳] (1995) 問題解決療
　　法——臨床的介入への社会的コンピテンス・アプローチ. 金剛出版.

ユーナス・ランメロ, ニコラス・トールネケ [松見淳子 監修, 武藤崇, 米山直樹 監訳] (2009)
　　臨床行動分析の ABC. 日本評論社.

第2章

多くの情報を引き出して
吟味するための質問法

帰納的推論

1 はじめに

　ソクラテス的手法の目的のひとつは，クライエントが物事について
の「普遍的定義」を発見することと，そのために必要な概念化の
能力を身につけることです（第3章を参照してください）。たとえば，
「仕事ができる人」を個人の成績のみに基づいたものとして定義する
と，部署内のチームワークを乱しても自分だけ成績を上げることが
できれば「仕事ができる人」になってしまいます。

　偏った定義にとらわれないためには，自分自身で「仕事ができる
人」についての「普遍的な定義」を発見する必要があります。「帰納
的推論」とは，「普遍的定義」を自分自身の経験から引き出す方法で
す。しかしながら，経験が大切だとしても，このプロセスを通して
クライエントは個人的な経験を越える幅広い視点を持つことが可能
になり，事実と自分の信念・意見を見分けられるようになります。

　「帰納的推論」には，次の3つの形式があります。

- 枚挙的 一般化
- 類推比較
- 因果的推論

表1　帰納的推論の種類と方法		
	種類	方法
帰納的推論	情報を十分たくさん集めてからまとめてみよう ──枚挙的一般化	人についての一般化 出来事についての一般化 目標についての一般化 社会的概念についての一般化
	似たものから考えてみよう ──類推比較	自然に基づいた類推 医学・医療に基づいた類推 機械に基づいた類推 戦略に基づいた類推 関係に基づいた類推
	原因と結果を明らかにしよう ──因果的推論	確証に基づいた因果的推論 反証に基づいた因果的推論

　この章で扱われる言葉や概念は少々わかりづらいものが多いため，表1にまとめ，セラピストとクライエントとの対話を具体的に示しながら説明します。

2 情報を十分たくさん集めてからまとめてみよう
　　　──枚挙的一般化

　個別事例から一般的法則を見出すためには，できる限り多くの個別事例の情報が必要になります。量的にも質的にも偏りのない情報を多く集めることで，確かな一般法則を導き出すことができます。枚挙的という意味は，このように理解すべき情報を偏りなくたくさん集めることであり，一般化という意味はそれらの情報を意味ある単位にまとめて理解しやすくすることです。

　この方法は当たり前の作業のように思われるかもしれませんが，たいていのクライエントは枚挙的一般化を正しく行なっていません。たとえば，「過度の一般化」あるいは「早すぎる一般化」とよばれる推論の誤りを指摘することができます。それは，「一昨日も昨日も嫌

なことが起きた。だから，私の未来はずっと嫌なことが続く」という推論の誤りです。集めた情報が十分でないのに一般法則を導こうとすると誤りが生じます。

さらに，クライエントの不合理な思考が，自らの信念や推論を裏づける情報だけを集める傾向，すなわち確証バイアスに影響されていることも少なくありません。つまり，クライエントは，量が不十分で質が偏ったサンプルから法則（らしきもの）を引き出し，その法則（らしきもの）を裏づける偏った根拠を探して，その不合理な思考をさらに強化する状態に陥っているということです。確証バイアスは他者よりも自分についての仮説を検証しているときのほうが生じやすいと言われています。自らの信念や推測と一致しない情報を取り込まないことで認知的不協和を回避できるからです。そのために，自分についての認知の歪みは長く続いてしまうのです。

2.1 枚挙的一般化の下位分類

「帰納的推論」は，人，出来事，目標，社会的概念について一般化を行なう際に用いられます。それぞれの内容は次のとおりになります。

2.1.1 人についての一般化

人についての一般化では，たいていは性格のカテゴリーを同定して（たとえば，内向型か外向型か），そのカテゴリーに相手を当てはめて評価します。さらに，このカテゴリーに基づいて社会的な期待を形成します。この期待にはポジティブなものもネガティブなものもあります。

たとえば，ある女性クライエントは，好意を持っている男性について次のように語りました。「彼は友達がたくさんいて，趣味も多く，お金もたくさん持っています。昔つき合った男性も同じような人でした。でも，私はそういう人にはふられてしまうんです。だから，今回もふられるに違いないんです」。

彼女は，友達，趣味，お金の多さという3点で「魅力的な男性」というカテゴリーを作り，それに彼を当てはめ，最終的には「すべての魅力的な男性は，自分には不相応で，自分に興味なんて持たない」という考え（ネガティブな予測）を作り上げています。

しかし，この理屈は結論が飛躍しているため妥当とは言えません。どうしてこのような飛躍が生じるかというと，少ないサンプルがあたかも母集団を正しく表しているかのように不適切な一般化が行なわれているからです。そこで，彼女とセラピストは，彼の好みや考え方，知り合ったタイミングや互いの置かれている状況など，他の要素も結論を下す前に十分考慮する必要があることについて話し合いました。

人についての一般化は，他者だけでなく自分に対しても行なわれます。一般化で得られた自分に対する評価が「自己概念」だと言えるでしょう。たとえば，ある自責的なクライエントBさんが次のように語ったことがありました。「私は無職です。人づき合いもうまくありません。勉強が嫌いだったわけじゃないのに，意地を張って勉強しなかった自分はバカなんです。ダメな人間なんです」。このように狭くてネガティブな自己概念が，抑うつのような問題と関連することはよく知られています。彼らには，幅広いサンプルから正しく一般化する方法を身につけてもらわなければなりません。Bさんとセラピストは，「ダメな人間」になることが彼にとってどのような意味を持つのかについて，次のように検討しました。

〈Bさんとの対話〉

Th. 自分はダメな人間なんだと考えていらっしゃるのですね。無職である自分を，人づき合いがうまくない自分を責める気持ちがあるのですね。また，意地を張って勉強する機会を逃したと考えて，もう取り返しがつかないと後悔する気持ちがあるのですね。

Cl. そうです。

Th. 今のお話を聴いていて私には疑問が湧きました。Bさんには思慮深

いところがあります。最近，そのことで人に褒められました。実際には友達もいます。意地を張って勉強しなかったのには理由があるとBさんから教えてもらいました。そのときの自分の気持ちを大事にしたからでした。ここでひとつ，Bさんの「自分はダメな人間だ」という信念が妥当か，一緒に考えてみませんか？

Cl. そうですね……。確かに，私は頭が悪いわけではないと思います。

Th. そうですね。

Cl. 人づき合いがうまくはないけれど，友達もいます。

Th. そうですね。最近，新たにできた友達もいましたね？

Cl. でもバカなことをしたとは思います。そのせいで，今こんな状況になっている……。

Th. 取り返しがつかないと感じているのですね。しかし，本当に取り返しがつかないのでしょうか？　今が人生の終着点なのですか？　むしろ自分は勉強がしたいという気持ちや，次は自分を傷つけない選択をしようという気持ちに気づいたことが重要ではないですか？　誰しもが体験から学び取れるわけではありません。

Cl. そうなんですか？

Th. 嫌な体験だったという理由で，なるべく思い出さないようにする人もいます。でも，Bさんは自分に向き合ったからこそ，自分にとって大切なものに気づくことができました。そもそも，嫌々ながら勉強した場合と，勉強したいという思いに気づいて勉強する場合とでは，どちらが意欲的に取り組めると思いますか？

Cl. 勉強したいと気づいて勉強するほう……。

Th. これでも，「自分は，ダメな人間だ」と思いますか？

Cl. そう思う感じは，減りました。

2.1.2 出来事についての一般化

　これは，特定のタイプの出来事や繰り返される状況について，それらに共通するパターンを見出すことを意味します。

　たとえば，ある女性クライエントは「自分は，いつも恐ろしい目

に遭う」と苦しんでいました。彼女は過去に性被害を体験していたために，職場の男性が好意を持って彼女を見つめる視線も，別の男性と玄関ホールで視線が合うことも，性被害に遭うことと同じくらい恐いことだと感じていました。これは外傷性ストレス障害のクライエントにはよくみられる現象です。身体に残存しているトラウマ反応が現在の何らかの刺激によって再燃してしまうと，トラウマ反応の身体感覚に注意が向けられてしまうため，身体感覚を修正する新たな情報を取り入れられず，トラウマ反応の身体感覚に煽られた否定的認知（たとえば，「また襲われる」）が生じます。そのため，トラウマ症状を扱う際には，トラウマ反応とそれを修正するための新たな情報の両方に，同時に注意を向けるという「二重の注意」の状態をクライエントに作り出すことが必要となります。いろいろな理由から彼女にはそれができませんでしたが，その男性が自分に好意を抱いていることや，「玄関ホールでは，たまたまだったのかもしれない」と認識できる現実検討力は保たれていました。

　そこで，枚挙的一般化を使って職場の男性たちの言動を彼女と検討しました。すると，彼らは普段から彼女の仕事をよく手伝ってくれ，玄関ホールで視線が合うこともたいていは急いでいるときに「チラッと」程度だということがわかりました。そのうえで，彼女に「恐ろしい目」について定義し直してもらいました。彼女は，「私にとって恐ろしい目とは，性的に攻撃されることです」と答えました。このことによって，彼女は「職場での男性との接触は，恐ろしい目に遭っていることにはならない」ととらえ直すことができました。その結果，彼女の職場における恐怖感は少しだけ低減しました。そして，トラウマ反応を処理するための準備をさらに進められるようになりました。

2.1.3 目標についての一般化

　これは，自分の特性と関連した目標を立てることを意味します。たとえば，発達障害傾向のある女性クライエントが，長年勤務し

ていた金融機関から事実上の解雇宣告を受けたことがありました。当時の彼女は，悲嘆に暮れながら，「いろいろな部署を回ったのに，どの部署でも仕事がうまくできませんでした。だから，これからも仕事はうまくできないでしょう」と語りました。しかし，彼女は受付や営業のような本人の特性に合わない部署にばかり配属されていたのです。彼女は，物事に臨機応変に対処することは苦手でした。

　観察された出来事のサンプルが偏っているために，自分に関する一般化も偏っている可能性があるという認識をまず共有して，彼女にとって「うまくできる仕事」を定義しなおしました。まずは，本人が得意な仕事と不得意な仕事を書き出しました。得意な仕事にも目を向けた結果，彼女は「自分は入力業務のように同じ作業をミスなく繰り返すことは得意である。仕事ができないわけではない」という，より正確な自己理解（第5章を参照してください）にたどり着きました。

　彼女とは多くの場面で枚挙的一般化を使いましたが，次のようなユニークな使用例もありました。彼女は場にそぐわない行動のために上司からたびたび注意されていました。そこで，彼女とセラピストは「理解できなかった職場における暗黙のルール」を枚挙的一般化で導き出したのです。たとえば，朝の挨拶について，「他の人は，朝のミーティングが始まった後に挨拶しているか？」，「他の人は，上司が誰かと話をしているときに挨拶しているか？」のような質問を重ねることで，朝の挨拶に関する暗黙のルールを一緒に考えました。

　彼女は，ノートに羅列的に記していた情報を，いつしか「自分の特性」や「職場のルール」というテーマごとにまとめるようになりました。彼女のなかで抽象的な概念化能力が少し育ったのだと思われます。ちなみに，このようなプロセスを経て彼女は特性を活かした別の仕事に無事に転職できました。

2.1.4 社会的概念についての一般化

一般化の原理は，信頼，友情，美しさ，成功などの抽象的な概念にも応用できます。ただし，抽象的な概念では一般化のプロセスがあいまいになり，出来事を観察した結果よりもクライエントの解釈に基づくことがどうしても多くなります。そのため，可能な限り証拠を挙げることや極端な視点に留まらないような工夫が必要になります。

たとえば，仕事における自分のパフォーマンスが完璧でないと「完全に失敗だった」と感じる男性クライエントがいました。彼は，成功と失敗の二者択一の見方でしか仕事を評価することができませんでした。それでは限られたサンプルしか見ていないことになりますから，彼にはそれ以外のサンプル，すなわち成功と失敗の間にも目を向けてもらうことが目標になります。そこで，1日の活動を記録して，その成功の度合いを1%から99%で評定することを繰り返して，0でも100でもない評価の存在を体験してもらうことにしました。

2.2 心理療法における枚挙的一般化のプロセス

枚挙的一般化のプロセスは，次の3つの段階から成り立ちます。

（1）クライエントが行なっている一般化に疑問を投げかける。
（2）偏った一般化を修正するためにさまざまな事象に共通したパターンを同定する。
（3）新しい一般化を検証して確認する。

これまでみてきたように，枚挙的一般化は，クライエントが（セラピストからみれば）大ざっぱな一般法則を主張しているときに効果があります。この一般法則に疑問を投げかけて，その妥当性を疑うように促します。そして，彼らの一般法則に含まれる矛盾を一緒

に探します。

クライエントの一般法則の問題点を確認したら，クライエントとセラピストは，さまざまな出来事に共通するパターンのもと，修正された一般法則，すなわち，より確かな一般法則を作成します。その際に，出来事のサンプルをていねいに観察して規則性を発見し，正確に分類するために，さらなるサンプルの収集も行ないます。

クライエントの一般法則を修正し，新たにより確かな一般法則を作成できたら，さまざまな状況下でそれをテストします。テストは実際の状況でも仮想の状況でもできます。クライエントとセラピストは，この一般法則を支持する証拠の強さと多様性を検討します。

一般法則を抽出するために用いられたサンプルの量とその性質の代表性が増すに従って，その一般法則が正確であるという可能性が増します。すなわち，枚挙的一般化は次の3点によって強化されます。

- 裏づける証拠の数が多いこと
- 裏づける証拠が多様であること
- さまざまな証拠が均衡に分布していること

ただし，このことが成立するためには，証拠の数が多く，多様で，分布が均衡しているというバランスのとれた母集団であることが重要です。

次に，こうした枚挙的一般化の手順がどのように行なわれるかを，メーカーで働く男性クライエントCさんとの対話をもとに説明しましょう。彼が「今日も仕事で失敗してしまった」と語ったときの面接の一部です。彼は前日も前々日も仕事で失敗したと述べたため，セラピストはその失敗の内容について尋ねました。彼は，「営業先の担当者さんに，提案した商品について意見をうかがいに行ったところ，いつもはいろいろとコメントをくれるのに今回はコメントをくれなかったんです。私の提案に不満だったんだと思います」と答えました。

〈Cさんとの対話〉

Th. いつもはコメントをくれるのに，今回はコメントをくれなかったのですね。その状況について少しうかがいたいのですが，担当者さんはどんな様子だったのですか？

Cl. そうですね……。いつもより少し暗かったかもしれません。いつもは冗談もよく言う朗らかな方なのに，今回は笑顔をみなかったなぁ。

Th. そうだったのですね。担当者さんは，Cさんの提案について何か言いましたか？

Cl. いくつか質問をされました。あと，「上司にも意見を聞いているところです」とも言われました。

Th. そうなのですね。状況をうかがっていると，私にはまだ失敗とは言い切れないように思うのですが？

Cl. そうですか。でも，その人はいつも必ず何かしらのコメントをくださっていたものですから。

Th. Cさんにとって失敗とはどういうことなんでしょうか？

Cl. 失敗とは……，改めて尋ねられると難しいですね。仕事に限定して考えると，担当者が満足してくれなくて仕事も断られることかなぁ。

Th. そのいずれもまだ起きてはいないのですね？

Cl. そうですね。でもこれから起きるかもしれません。

Th. でも担当者さんの様子が暗かったと言われていましたよね？　担当者さんが落ち込んでいたからコメントしなかったと考えることもできませんか？

Cl. ……そうですね。言われてみればそうだったかもしれません。

Th. 他にも考えられる別の推測はありますか？

Cl. 今思い出したのですが，担当者さんは最近部署を異動されたのです。「次は，忙しい部署になるんですよ」と前に会ったときに言われていました。だから，もしかしたら疲れていたために余裕がなかった……とも考えられるでしょうか。

Th. いいですね。他にも担当者さんが今回はコメントしなかった理由があるかもしれません。一緒に考えてみましょう。

このようにして，Cさんは自分が注目していた証拠以外にも考慮すべき証拠があることに気づきました。「今日も仕事で失敗した」という認識は，担当者がコメントしなかったという証拠にだけ注目したから生じたということに気づき，証拠を挙げながらコメントしなかった理由を幅広く考えました。そして，「仕事を失敗したとは言えない。コメントがなかったのは，担当者さんの余裕がなかったからではないか」と自らの考えを修正しました。

次に，Cさんとセラピストはこの修正された考えを検証しました。Cさんは，担当者を再度訪問することが決まっていたため，そこで提案した商品を受注してもらえるかを確認すること，担当者からコメントがなかったらCさんから感想を聞くこと，相手の対応や様子を細かく観察することをあらかじめ取り決めておきました。結果として，再訪問したときには，担当者はいつもの朗らかな様子に戻っていたそうです。和やかな雰囲気のなか，無事に受注されました。Cさんから担当者に感想を聞いたところ，「いつもは何度か商品を試したりするんだけどさぁ，ここんところ余裕がなくてね。まあ，またよろしく」と返され，担当者はその場を足早に去って行ったそうです。

こうして「失敗したとは言えない」という新たな考えの妥当性をある程度確認できましたが，Cさんは今一つ浮かない表情でした。そのことについて尋ねると，「失敗したわけではないということについては納得しました。でも，なぜか落ち込む気持ちが変わりません」と訴えました。

クライエントのこのような発言の背景には，たいていスキーマの問題が潜んでいます。Cさんの場合も「今回のことを通して，思っていたより担当者と信頼関係を築けていなかったのではないかと思いました。上司や先輩はもっと良好な関係を営業先と築いています」と述べました。この発言の背景には「自分は仕事ができない人間だ」というネガティブなスキーマがあり，それが原因となって気分の落ち込みが持続してしまうのではないかとセラピストは考えました。

その後の面接を以下に紹介します。

　なお，スキーマを扱う際には一般的に，自分のスキーマは信念に過ぎず真実ではない，という態度がクライエントに形成されていなければなりません。先に述べた「二重の注意」と同じです。Cさんはこの準備がおおむねできていたため，落ち込みの背景に「自分は仕事ができない人間だ」というスキーマがあることをすぐに共有できました。

〈Cさんとの対話〉

Th. 「自分は仕事ができない」と思っているから，落ち込んでいるのですね？

Cl. はい。

Th. 1つ質問したいのですが，Cさんには「仕事ができなくてはならない」，「失敗してはならない」という前提があるのですか？

Cl. ありますが，でも，みんな失敗はなるべくしたくないですよね？

Th. しかし，そもそも成功は失敗を重ねた先にあるんじゃないですか？失敗せずに成功できる人なんているんでしょうか？

Cl. あぁ，そういうことですか……。確かに，そのように言われると，自分は「いつ何時も失敗してはならない」と思っていることに気づきました。上司のような知識や技術はまだ身につけられていないのに，上司のようにうまくできることを自分に要求しているというか……。いや，もしかしたら……完璧にできることを自分に要求しているのかもしれません。そうですね，完璧にできないと，自分がダメだといつも落ち込んでいます。だから，失敗してはならないという意識がいつもあります。

Th. そうですね。失敗してはならないと考えて恐くなったり，できなかったと思って落ち込んだりしていますね。

Cl. はい。でも知識や技術を身につけるのには時間がかかります。自分にはそういう観点が欠けていたことに気づきました。

Th. いいですね。自分の見方の問題点に気づいたのですね。それでは，

より適切な考え方を探すために，成功と失敗のいろいろな例をみてみましょうか？

Cl. はい。

　スキーマを同定する作業のなかで，さらにその前提として「失敗してはならない」という考えがあることに気づきました。そして，成功例と失敗例を列挙することで「失敗してはならない」という考えを検討しました。成功例としては，Cさんは社内でも商品知識が豊富だと定評があったため，その知識をどのようにして身につけたかを振り返りました。Cさんの営業としてのキャリアはわずか4年だったのですが，配布資料をしっかり覚えたり，工場で製造工程を見学したり，先輩に教えてもらったりしながらコツコツと商品知識を積み上げていました。失敗例としては，Cさんが好きな野球選手の成績不振を挙げました。今の打率の低さはフォームを改造しているからだが，徐々にフォームは改造されつつあり，シーズン前半の打率と今の打率は明らかに違うと力説しました。

　このように，さまざまな成功例と失敗例を挙げるなかで，成功はすぐに得られるものではなく，コツコツと努力し続けることや失敗を重ねることで得られるものだとCさんは考えるようになりました。そして，大きな成功の前には，小さな失敗や成功がたくさんあることにも気づきました。「そういう意味では目の前の現象はすべて課題や目標を達成するまでの通過点に過ぎない」と彼は言いました。こうして新たに「人は失敗を経験してできるようになる」という考えが導かれました。次に，この新たな考えを検証することにしました。

〈Cさんとの対話〉

Cl. 最近，新しい営業先に行くことが多いんですが，担当者の一人がずっとムスッとしていたんです。ほとんど質問もされずに。以前だったら，「自分の提案に不満なんだ」，「自分は仕事ができない」と考えていたと思うんですが，今回は「人は失敗を経験してできるようにな

る」という考えを思い出すようにしてみました。そうしたら，あまり落ち込みませんでした。それで，自分の提案についても振り返ってみたんです。提案についてはわかりやすかったと思うし，向こうのニーズに合ったものを提案できたと思っているんですが，事務的に話し過ぎたから話が膨らまなかったかなぁと思いました。雑談が少なかったというか。上司はそういうのがうまいんですよね。雑談で相手のニーズを引き出したり相手を心地よくしたりするんです。でも僕は，緊張しがちで，まだそこがうまくできないんです。

Th. 自分の足りない点に真摯に向かい合ったということはよくわかります。しかし，できていた点もあったんですね。それに気づけているのは，素晴らしいことですね。新しい考えは妥当だと感じているようですね。

Cl. はい。

Th. あとは雑談力を磨くということなんですね？　雑談は，実は簡単なようですごく難しいですから，いろいろなことを通して自分なりのやり方をみつけましょうか。

　このように，スキーマに問題があるクライエントは「理性で理解はできても，感情的には変わらない」と訴えることが多いものです。そのようなときには，クライエントの「無意識レベルでの反応」をセラピストが理解し，それをクライエントが向き合える範囲でわかりやすく言語化・外在化していくことが必要となります。Cさんとの対話では，スキーマを言語化して，さらにその反応を引き起こしているクライエントの潜在的な前提を明確にしました。その前提となる認知を枚挙的一般化の手続きで検討すると，バランスのとれた認知をクライエント主導で引き出すことができました。このように，スキーマを直接変容させようとしなくても，枚挙的一般化の手続きのなかでクライエントが自らの推論の誤りを修正し，スキーマからの影響を弱めることができる場合もあります。

3 似たものから考えてみよう——類推比較

　類推とは，よく知っている状況の知識を未知の状況へ応用する推論法です。たとえば，「AはXである。BはAと類似している。だから，おそらくBはXである」という形式の推論になります。ソクラテス的手法では，ある程度の関連性はあるけれども似ていない事象や人を比較検討することがあります。枚挙的一般化は観察されたサンプルから一般法則を引き出す方法でしたが，類推比較では1つのサンプルから別のサンプルへ推論を広げます。このため，直接的に観察できないサンプルの抽象的な面についても検討できる利点があります。

　類推比較を使うことで，クライエントは自らの問題を別の視点から理解できるようになり，認知的な柔軟性が高まります。また，類推比較は，未知の複雑な問題を，単純で一般化されたものとしてとらえるために役立ちます。そうすることで，クライエントは未知の問題にも対処できると気づくことができ，安心感を得たり，葛藤や圧迫感を減らしたりすることもできます。

3.1 類推の下位分類

　類推は，過去に起きた問題に用いた対処法を，現在の問題に当てはめて検討するときにも使います。問題が似ている場合はもちろんのこと，異なる問題（たとえば，「離婚と退職」）を検証する場合にも用いることができます。

　明らかに異なる出来事の間に存在する抽象的な類似性を検討するときは，5つの分野（自然，医学・医療，機械，戦略，関係）の比喩（たとえ）を使って検討することをオーバーホルザーは勧めています。

3.1.1 自然に基づいた類推

これは，自然について知られている情報を問題状況に当てはめるという意味です。たとえば，自らの問題に取り組み始めたばかりのクライエントは，思うような変化がみえないことに焦りを感じるものですが，次の対話に出てくるDさんとは，効果が表れるまでの時間と稲を収穫するまでの時間とを比較しました。

〈Dさんとの対話〉

Cl. 前回とそんなに変わりません。やっぱり自分の問題は解決しないんじゃないでしょうか？

Th. 問題となっている漠然とした不安感を早く解決したいですよね。私も同じ思いです。ただ，あなたの不安感が生じる理由について，まだ理解しきれていないと思います。問題を解決するためには，その理由を知る必要があると思いませんか？　これは稲刈りまでの過程と似ているんですよ。いきなり稲穂はできません。まずは苗を植えなければなりません。また，一気には植えられませんから，毎日少しずつ植えることになります。田植えが終わったら，次は稲の世話をします。そして，秋になったら収穫するわけです。田植えを始めたばかりの時期にはまだ稲の成長は感じられませんが，稲の世話をし続けるなかでその成長は少しずつ感じられるようになります。自分自身の問題を解決する道のりもこれと似ているのです。

3.1.2 医学・医療に基づいた類推

医療行為をイメージして問題状況に当てはめることです。たとえば，うつの再発のために休職したクライエントが，自己流でも再発予防は可能かと相談してきたことがありました。セラピストは，「骨折したときと同じように，熟達した専門家と一緒に治療をしたほうが治りも早く，予後もよいと思いますよ」と説明しました。

3.1.3 機械に基づいた類推

　機械の動作を問題状況に当てはめることです。たとえば，クライエントとセラピストの関係は，自転車の車輪に置き換えて説明することができます。両輪がなければ前へ進むことのできない自転車の構造を，クライエントとセラピストの関係になぞらえることができます。また，自転車の場合は前輪が操舵で後輪が駆動であることが多いため，前輪をクライエント，後輪をセラピストにたとえながら，クライエントが決めた方向を進んで行けるようにセラピストは後ろから援助をするというように当てはめることもできます。

3.1.4 戦略に基づいた類推

　釣りで要求される忍耐や将棋で必要とされる計画性のように，さまざまな活動で必要とされる戦略を問題状況に転用することです。たとえば，認知再構成法で根拠や反証を挙げる際，主観や偏見ではなく事実を挙げるようにクライエントに求める場面では「弁護士が自分の主張をさまざまな根拠で固めるようにやってみてください」と伝えることができます。

3.1.5 関係に基づいた類推

　コーチと選手の関係を考える際に親子関係になぞらえることがあるように，2つ以上のグループ間の平行な関係を問題状況に適用することです。関係に基づいた類推については，次の節で具体例を示します。

3.2 心理療法における類推比較のプロセス

　類推比較のプロセスは，次の3つの段階から成り立ちます。

（1）今の問題状況を系統的に観察し，パターンを同定する。
（2）今の問題状況と類似する解決済みの問題状況を探し，それらに共通する類似性を確認する。

(3) 解決済みの問題状況の知識が今の問題状況に正しく応用されている
かどうかを評価する。

　これまで検討したように,「帰納的な類推」は枚挙的一般化のプロ
セスの上に成り立ちます。まず,クライエントの問題状況を,質問
や課題を駆使して十分に明確にしたうえで,問題のパターンを同定
します。次にセラピストは,それと似ていて解決済みの,よく知っ
ている問題状況を探すようにクライエントに求めます。そのうえで,
2つの状況に共通する点を確認します。これを「知識の移動」とよ
びます。そして,過去の問題と結果が類推によって現在の問題状況
へ正しく応用されているかどうかを評価します。

　問題への対処についても同じで,新しい問題への対処の選択肢を
広げて問題解決を導くことができます。そのため,上記(3)の段階
には新しい対処法の計画が含まれることになります。

　また類推は,問題のイメージを瞬時に描き出すため,記憶に残り
やすいという特徴があります。そのため,問題状況に再び直面した
とき,クライエントは自分の行動を修正しやすくなります。

　これらの手順が実際にはどのように行なわれるかをEさんとの対
話で説明します。Eさんは他者のことは妥当に評価できるのに,自
分に対する評価はとても厳しい男性でした。また,会社でパワーハ
ラスメント(以下,パワハラ)に遭ったこともありました。Eさん
が自宅にひきこもっていたことから,心配した家族が心理面接に連
れてきました。ある日,Eさんが「自分は仕事をしていないし,家
にひきこもってゲームばかりしている。自分は本当にいらない人間
だ」と述べたことがありました。そのとき,セラピストはEさんに,
自分をあたかも友達であるかのように評価してもらいました。

〈Eさんとの対話〉

Th. もし今の発言を自分の友達がしたとしたら,Eさんはその友達のこ
とを「いらない人間だ」と思うのですか?

Cl. それは……，そうは思わないですね。

Th. 友達なら「いらない人間だ」と思わないのはどうしてでしょう？

Cl. どうしてって……。友達なら仕事ができないのは理由があると思うかな。パワハラに遭ったからだって。

Th. そうですね。つらい目に遭いました。でも今は，社会復帰しようと頑張っています。心理療法も始めました。ご自分のことも友達をみるようにみてあげてはいかがですか？　そのような評価基準は友達にも自分にも同じであるものではないでしょうか？

　　この後Eさんは，「友達がひきこもっているなら，上司から大声で怒鳴られ続けたように，思いもよらないところで攻撃されたり，周りからも冷たい目で見られたりする恐れが強いからだと思います」と言いました。その恐怖は十分理解できることをEさんとセラピストは話し合いました。そのようなやり取りのなかで，Eさんはパワハラに遭った自分の恐怖感を「本当に恐かった」と受け止められるようになりました。

　　また，それまで気づいていなかった，もっと基本的なことに気づくようになりました。Eさんはもともと威圧的な人が苦手だったのですが，その背景には父親の存在がありました。Eさんの父親は，気に入らないことがあると周囲に大声で当たり散らして暴力も振るう人でした。その恐怖感が消化されずに残っていたため，ただでさえパワハラだった上司からの威圧をEさんは大変な恐怖感をともなって経験したのです。こうした自己理解が進むなかで，Eさんの自責的な傾向は少し緩みました。

　　次に，Eさんとセラピストは，「知識の移動」が正確に行なわれたか評価しました。つまり，自分のことを友達と同じように評価できているか確認したのです。このときEさんは，距離を取って自分の問題をみつめることができるようになっていたため，自分を友達のように評価できるだけでなく，より幅広い見方ができるようになっていました。

類推比較は，Ｅさんのように1つの視点しか持てない状況に陥っているクライエントに，新たな見方を瞬時に提供できます。他にも，「あなたと同じ年齢の他の人は，どう考えると思いますか？」という問いかけもよく使います。そのような問いかけで，たいていのクライエントは自己評価の基準を意識し始めます。

　ただし，類推が役に立つかどうかは，比較されるものの関連性の大きさが影響します。無関係なものを比較していると誤った類推が生じてしまいますから注意してください。

4 原因と結果を明らかにしよう——因果的推論

　効果的な介入のためには，問題が生じる因果関係を理解してそれを修正する必要があります。しかし，不眠やうつなどの問題は多くの原因から生じていますから，原因をすべて取り上げるのは時間的にも無理ですし，心理的な負担が強くなってしまいます。そこで，問題が生じたときに明らかに存在していた事象だけを同定して，その因果関係を検証します。問題を生じさせる因果関係を理解することは，クライエントが自らの行動を理解し，予測し，コントロールすることを助けます。こうした作業をソクラテス的手法では因果的推論とよんでいます。

4.1 因果的推論の下位分類

　因果的推論は，確証と反証という2つの戦略に基づいた推論です。その2つの推論によって，原因と結果の関係を検証します。具体的には次のようになります。

4.1.1 確証に基づいた因果的推論
- 推定された原因と結果に関連がある
- 推定された原因と結果に関連がない

この2つの視点で原因と結果を精査します。推測される原因はさまざまあり、そのなかから結果と結びつかないものをはずせば、原因になっている可能性があるものを絞り込むことができます。そして、確証のある原因を見つけ出しやすくなります。

たとえば、軽度でも慢性的な抑うつ状態にある女性クライエントに、1週間の気分と活動を記録するよう依頼しました。彼女は、「うつだから動けない」と言っていました。つまり、うつが原因となって、活動できないという結果が生じているのだと考えていたのです。しかし、記録をつけるようなってすぐに、孤独で不活発なときに気分が悪くなることに気づきました。活動的で社交的なときは気分が悪くなることはありませんでした。実際の因果関係は彼女がそれまで考えていたものとは逆だったのです。

4.1.2 反証に基づいた因果的推論

確証のアプローチが有用とはいえ、誤った方向へ結論を導くこともあります。そこで、重要になってくるのが反証です。反証の作業には次の視点があります。

• 推定された原因が問題となる結果を生み出さないとき
• 推定された原因によらず問題となる結果が生み出されるとき

この2つの視点から、推定された原因を批判的に検証することを反証に基づいた因果的推論とよびます。この2つの条件のいずれかに合致するとき、因果関係の仮説は却下されて、新しい仮説を作ることが求められます。

たとえば、孤独感の強い女性クライエントが「週末に無気力になるのは、疲れているからだ」と述べたことがありました。しかし、彼女は、疲れがたまらないはずの長期休暇でも気力のなさや億劫さに悩まされていました。彼女の仮説に対する反証は、疲れていても無気力にならないか（結果のない原因の存在）、疲れていなくても無

気力になるか（原因のない結果の存在）を確認することです。この確認にも活動記録表の作成が効果的でした。彼女は活動記録表をつけながら自分を観察することで，疲れそのものが無気力の原因ではないことに気づきました。そのため，疲れを無気力の原因からはずすことができました。

4.2 心理療法における因果的推論のプロセス

因果的推論のプロセスは，次の3つの段階から成り立ちます。

(1) 問題行動を系統的に観察する。
(2) 問題行動の原因を同定する仮説を形成する。
(3) 問題行動の原因を同定する仮説を検証する。

因果的推論のプロセスは枚挙的一般化に基づきます。そのため，まずは問題行動をしっかり観察して多くの情報を集めることが必要です。多くの情報を収集することは，多くの原因について評価できることにつながるからです。

そして，いくつかの問題に共通して起きている事象をクライエントとセラピストが協同して確認し，因果関係についての仮説を作ります。原因と思われる出来事の先行性，共変動（原因と結果が時間とともに変化すること），原因と結果の時間的近接性などを検討して原因を明確にします。

因果関係についての仮説を形成したら，その論理性や対抗仮説の有無を，環境を実際に変化させたり変化を想像したりしながら検証します。同じ結果が2つの異なる状況で生じるなら，2つの状況に共通する要素が原因だと考えられます。これらの手順が実際にはどのように行なわれるかを，次のFさんとの対話に沿って説明します。

Fさんは，上司からのパワハラに悩んでいた女性クライエントです。彼女は，特定の上司から怒鳴られたり無視されたりするなかで，その原因を自分だけに帰属させていました。もっと上の上司からは

高く評価され，他の社員とも仲よくやれていたにもかかわらず，特定の上司が自分に好意的でないのは，自分の話し方が回りくどかったり，仕事が遅かったりするからではないかと自分を責め続けていました。

〈Fさんとの対話〉

Th. Fさんが上司とうまくいかないのは，自分の話し方が回りくどいから，仕事が遅いからだと思っているのですね？

Cl. はい。そうだという確証はないんですけれど，ほかに理由が思い浮かばなくて……。

Th. しかし，もっと上の上司や同僚との間では何も問題は起きていないんですね？　回りくどいことを指摘されたり，そのことを相手が感じたりしているという証拠はあるんですか？

Cl. いえ。

Th. ちなみに，その上司は何と言ってくるんですか？

Cl. 「お前は，半人前の仕事しかできないな」とか，「期待していたのに，本当にガッカリだよ」などと言われます。

Th. なるほど。そう言われて，落ち込んだんですね？

Cl. はい。

Th. ただ，その上司は，原因については述べていないんですね。では，Fさんは仕事が遅いと言いますが，どの程度遅いんですか？

Cl. 部署を異動したばかりでまだ業務に慣れていないので，同僚のようにはうまくいかず，みんなより1日か2日ばかりレポートの提出が遅れる感じです。でも上司からすれば，締切直前に提出されるのは迷惑でしょうから，やっぱりこれが原因だと思います。

Th. 締切直前って，どれくらい前のことを言っているんですか？

Cl. 1日，2日くらい前でしょうか。

Th. それって直前なんですか？

Cl. まあ，私よりももっと直前に提出している人は何人かいます。

Th. その人たちとその上司の仲は，よくないですか？

Cl. いえ，必ずしもそうとは言えません。仲がよくない人もいますが，仲がよい人もいます。

Th. では，それが原因ということにはならないかもしれないですね？

Cl. 確かに……，そうですね。じゃあ，原因は何なんですかね？

Th. 先ほど，上司と仲がよくない人がいるとのことでしたが，Fさんから見て上司とその人の仲がよくない理由は何だと思いますか？

Cl. その人はすごく大人しい人なんです。仕事ができる人なんですけれど，恐らく抱えている仕事の量が多いからレポート提出が締切直前になりがちなんだと思います。でも抱えている仕事の量が多いことやトラブルについては，上司にあまり説明しないんですよね。だから，言われっ放しになってしまうというか……。

Th. ということは，少なくとも何も言わないから上司から言われっ放しになっているということは考えられますか？

Cl. そうですね……。確かに，上司は大人しい人に対して結構強く言いますね。

Th. なるほど。仕事の進捗については，皆さん，上司に細かく報告しているんですか？

Cl. そうでもないです。自分の裁量を超えるようなトラブルについては報告しますが，自分で責任を持てる範囲のトラブルについては自分で処理します。

Th. すると，上司が文句を言う理由は，仕事の進め方ではないということになりますね？

Cl. そうですね……。

Th. おとなしい同僚のように，Fさんが主張したり怒ったりしないから，言われてしまうんじゃないでしょうか？

Cl. そうかもしれません。

　この対話では，問題行動を系統的に観察することで，問題行動の原因らしきものを同定しました。Fさんの主張の少なさが上司の攻撃的な言動と関連しているという仮説を形成できたため，Fさんと

セラピストはその仮説を検証しました。上司に対して主張することはまだ難しいということだったので，仮説検証はイメージのなかで行ないました。

　Fさんには，このパワハラに遭う前は，かつての上司に力強く主張できた経験があったことから，まずその体験を思い出してもらいました。それは，会議の場面で上司や同僚から自分の担当しているプロジェクトの方向性についてさまざまな批判が挙がったときのことでした。Fさんは，自分の顧客の思いを代弁すべく，プロジェクトの狙いや効用を力説したのです。はじめは，批判的であった上司や同僚もFさんの熱弁を聞くにつけ，段々とトーンダウンしてきて最終的には賛同してくれる人も出てきたのです。上司は，ブツブツと文句を言いながら会議の場を去ったそうです。このときのように現上司に力強く主張したら生じうることをFさんに想像してもらいました。現在の上司は，強く言われるとひるんだり大人しくなったりすることが語られた後，ブツブツ言いながら大人しくなる姿が想像できたことが語られました。こうしたイメージによる検証の結果，この仮説は妥当である可能性が高いという結論に達したため，Fさんが実際に上司に主張したり怒りを表したりするための取り組みを始めることにしました。

　治療を進めるうえで，問題の因果関係を理解してそれを修正するプロセスは不可欠です。問題の原因がはっきりするだけでクライエントの気持ちが落ち着くこともあります。ただし，安易に原因を同定しようとすると問題との直面化を引き起こしてクライエントのつらさが増す場合もありますから注意してください。セラピストが因果的推論のプロセスに精通しており，そのプロセスを適切に用いることができれば侵襲性を低下させることができます。また，クライエント自身が因果的推論のプロセスに沿って問題の原因を発見できれば，自己理解が増し，原因を自ら発見できたという自信も獲得できます。

5 まとめ

「帰納的推論」は自分の体験から論理的な結論を引き出すプロセスで，「普遍的定義」を導くために必要です。「帰納的推論」には，枚挙的一般化，類推比較，因果的推論という3つの形式がありますが，これらに共通するのは，法則を導くために特定の経験における異同を分析するという点です。

枚挙的一般化は，さまざまな出来事から共通するパターンを同定する方法です。クライエントが幅広く偏りのない十分なサンプルを用いて，適切に一般化するためのプロセスです。類推比較は，既知の状況から新しい状況へと知識を応用する方法です。さまざまなたとえを使ってクライエントの視点変換を促します。因果的推論は，問題の原因を検証するために，論理的に条件を操作することで，その原因が本当に結果を生じさせるかどうかを確かめる方法です。

人間の認知の特徴から考えて，クライエントが情報を選択的に処理して自分の信念に合う情報だけを求めてしまうのは自然なことです。だからこそ，その問題点を他者が指摘してもなかなか受け入れられません。クライエント自身が主体的に気づくことが変化にとって重要です。そのためには，セラピストが本章で挙げたような思考方法を身につけて実践していることも大切でしょう。なぜなら，セラピストがよいモデルになり，その姿をクライエントがまねるだけでも学習が促進されるからです。

第3章

物事の本質をみつけ出し, クライエントの気づきを高める

普遍的定義

1 はじめに

　人は，言葉やイメージに対してその人独自の定義をしています。こうした定義に基づいて認知的な情報処理が行なわれるため，情報処理の結果である知覚や理解や感情も影響を受けます。たとえば，「父親とは何か？」と問われたとき，人によって答えは違います。ある人は，愛情の有無にかかわらず遺伝的に決められた男性を父親というかもしれないし，ある人は子どもを養育する男性を父親というかもしれません。この父親の定義が異なれば，「あなたはよい父親か？」と尋ねられたときの答えは当然異なるでしょう。このように，対話のなかで言葉の定義が異なったままだと，議論がかみ合いません。

　言葉やイメージの定義が極端だったり，狭すぎたり，社会的に不適切だったりすると，認知とその結果に大きな問題が生じます。たとえば，父親を生物学的，遺伝的なものだけに限定してしまえば，母親の再婚相手は心理的にも父親と認められず，血のつながりのない父子には心のつながりもないと考えるかもしれません。言葉やイメージに対するクライエントの定義に大きな問題があるとき，セラピストは普遍的定義について話し合うことで修正を試みなければな

りません。

　普遍的とは，物事や概念の本質を十分に反映しており，外見的にはさまざまに異なっても本質的に不変だという意味です。クライエントの心理的問題の重要ポイントで，このような普遍的な定義を明確に作り上げることができれば，出来事に対するクライエントの解釈や説明におけるあいまいさを減らし，クライエントの知覚をより広くバランスのとれた方向に変化させることができます。また，普遍的定義を作り出す作業は，クライエントが使う言葉の妥当性や一般化の程度を評価するうえで役立ちます。

2 普遍的定義の内容

　ソクラテス式質問における普遍的定義は，それぞれの内容に応じて次のように3つに分けることができます。

- 行動に対する名称
- 価値基準
- 抽象的性質

2.1 行動に対する名称

　これは，問題となっているいくつかの行動に共通するパターンに与える名称のことです。たとえば，「攻撃的」という名称は，攻撃的な性格や，怒りの感情状態にあることを意味しています。子どもの行動が「攻撃的」だと定義づけられると心理的問題をはらんだものに感じられますが，「かんしゃく」だと定義づけられると自然な感情だととらえられるかもしれません。行動に対する名称をよく吟味して，より普遍的な名称へと定義し直すことは，心理的問題の解決の糸口として重要です。

2.2 価値基準

　クライエントが，「おそろしい」，「よい」，「成功」のような，評価的で何らかの価値に関連した語句を用いるときは，そこにクライエント独自の価値基準が影響していると考えられます。

　たとえば，職場でうまくいかず，うつ状態に陥った成人女性のクライエントがいました。彼女は，強い劣等感ゆえに上司の理不尽な要求を断ることができず，仕事量がどんどん増えていきました。心理面接では，キーパーソンである上司のことを彼女は「できる人」とよびました。このことから，「できる」という言葉に何らかの価値基準が隠されていることが推測できました。「仕事ができるとはどういう意味ですか？」と質問すると，「技術力が高いことです」と答えました。すなわち，彼女は，その上司の人望のなさや，マネジメントの拙さを考慮に入れず，技術力の高低という価値基準だけで仕事の能力を評価していたということです。仕事ができることの普遍的定義を話し合うなかで，技術力も大事だが相手に配慮できる人間性も重要であることを彼女は理解するようになりました。それにともなって，彼女は劣等感から脱して上司の言うことを絶対視しなくなりました。

2.3 抽象的性質

　臨床場面では，勇気，愛，友情，美しさなどの抽象的テーマがクライエントの心理的問題の原因となることがあります。これらの抽象的テーマを明確に定義することは，治療にとってとても有益です。

　たとえば，家族関係について悩んでいる成人女性のクライエントがいました。彼女は，「家族」を「自分の都合よりも全体の都合を優先しなければならない集団」と定義していました。あるとき，彼女が帰省したおりに，一緒に食事をしないきょうだいに対して腹を立て，久しぶりに会ったのに喧嘩をしたエピソードを語ってくれました。彼女自身の「家族」の定義を明確にした後に，その普遍的定義を話し合いました。一緒の時間に同じ行動をしているから家族とし

てつながっているのではなく，相手への思いやりや配慮が家族として
つながるために何よりも大切であることに彼女は気づきました。
そうした温かい心理的なつながりのうえで同じ時間を過ごすと，さ
らに喜びが増すことを理解した彼女は，セッションの後すぐに喧嘩
をしたきょうだいに仲直りのために電話をかけました。

3 普遍的定義の使い方

　ソクラテスは，相手の口から一般的な用語（たとえば，「勇気」）
が出るたびに，その用語の定義を求めました。相手の定義が不適当
であったときには，ソクラテスは帰納的推論によって，その用語を
使うさまざまな場面を想定して，どのような場面にでも通じる共通
要素を同定しました（八木，2016）。
　ソクラテス的手法における普遍的定義の手順は次のようになりま
す。

（1）クライエントの定義を同定する。
（2）クライエントがその定義の限界を評定するように支援する。
（3）セラピストとクライエントが協同して新たな定義を創り出す。

3.1 クライエントの定義を同定する

　クライエントが何気なく語る言葉や，語られる話の背景にあるテー
マを同定します。たとえば，人前で失敗することをとても恐れてい
たクライエントGさんが次のように話したとします。「立場上うま
く話さないといけないので，とても緊張します。話そうとすると言
葉に詰まってしまうんです」。そこで，次のようにGさんに「うま
く話す」ことの定義を求めました。

第3章　物事の本質をみつけ出し，クライエントの気づきを高める　87

〈Gさんとの対話〉

Cl. 人前で話すと緊張します。話そうとすると，言葉が詰まってしまうんです。

Th. 緊張する理由や話そうとするときに，頭にふと浮かぶ考えはありますか？

Cl. 人よりも上の立場にいるので，うまく話さないといけない。緊張します。

Th. 今，「うまく」とおっしゃいましたね。Gさんはどのような基準でうまく話せていると判断するのですか？

Cl. 私自身もこの人はうまくしゃべっているなとか，そうでもないなとかよく思っています。私はカンペを作りますが，そんなものなくてもアドリブで場を盛り上げる人もいて，そういう人はうまいなと思います。

Th. Aさんにとって，聞いている人を笑わせたり，感心させたり，アドリブで相手を満足させたりすることが，うまく話せているということですか？

Cl. そうかもしれません。

Th. Gさんは，逆にうまく話せなかったときに，どうなってしまうと思うのですか？

Cl. そうですね。相手はがっかりして，私に何も期待しなくなる。

Th. うまく話せないと自分の価値が低くなり，相手から疎んじられるようなイメージですか？

Cl. そう感じます。

Th. ということは，Gさんにとって「うまく話す」という定義は，自分の価値を下げて，相手から疎外されないように，相手を満足させる話をすることだと言えるでしょうか？

Cl. そんな感じがします。

3.2 クライエントがその定義の限界を評定できるように支援する

　普遍的定義をみつけるプロセスでは，クライエントの定義に対する反証を探したり，その定義がもたらす混乱や矛盾を話し合ったりします。こうした対話によって，セラピストはクライエントが自らの定義の限界を理解して，もとの定義への反証にもなるような，より広い意味を持った普遍的定義に目を向けることができます。たとえば，Gさんとは次のように対話しました。

〈Gさんとの対話〉

Th. うまく話すことの定義がこの内容なら，逆に言えば相手を満足させればよいわけで，たとえば詐欺師が相手を嘘で満足させても，それはうまく話したということになります。これはGさんにとっていかがですか？

Cl. 人をだますことは，ある意味しゃべりがうまいとも言えます。でも，私はそういう意味で言っているわけではありません。

Th. それはどのような意味になりますか？

Cl. だますというよりも，本当に相手のためになる内容を話すという意味があります。生産的な話し方ができれば，うまく話したということになります。

Th. そうすると，先ほどの聞き手を感心させたり，盛り上げるということも，生産的な内容を伝えるということにつながらなければ，うまい話し方とは言えないようですね。盛り上げるだけならただのお笑い芸人になってしまうような印象でしょうか。話術に優れていることは，話し上手の要点のひとつでしょうが，それに普遍性があるかというと，そうではないですよね？

Cl. そうですね。TV番組に出ている芸人さんのように，盛り上げることができても，私の仕事としては，おふざけだととらえられます。

Th. 私もそう思います。たとえば，Gさんが納得しそうなうまい話し方をする人を挙げると，演説で定評のあるアメリカのオバマ元大統領や，アップル社のスティーブ・ジョブズさんがいますね。ジョブズ

さんは，新製品のプレゼンだけでなく，大学での卒業生に向けた演説も有名ですね。あの話し方は，受けを狙ったり，盛り上げたり，アドリブで切り抜けたりしないですよね。

Cl. そうですね。聞き手を満足させることは，言葉巧みに話すということではなくて，何かちゃんとしたことを話せるということだと思います。

Th. 言葉が流暢に出てくるかどうかは，さほど重要ではないですよね。ゆっくりとしていても，突っかかっても，聞き手を満足させるのは，話の内容そのものに加えて，それを語る話し手の純粋な思いがそこにあるかどうかのような気がします。

Cl. 確かにそうです。

Th. ちなみに，Gさんが想定している聞き手とは，ただ楽しく話を聞きたい人たちなのか，間違いがなく完璧に話すことを求める人たちなのか，どのような人たちなのでしょうか？

Cl. やはり，仕事上で目的があって集まっている人たちですから，真剣に話の中身や話し手の姿勢に注目していると思います。

Th. そのような聞き手であれば，表面的な流暢さや話術だけで，話し手の価値を評価することはないと思いますが？

Cl. 確かにそうだと思います。

Th. Gさんの意識は，ややスピーチの表面的な部分に偏っていたのかもしれませんね。

3.3 セラピストとクライエントが協同して新たな定義を創り出す

　定義が普遍的であると認められるためには，一定の基準が満たされなければなりません。その基準とは，定義が比喩や隠語で表現されるものでなく，関連するどのような事象でもその定義によって説明することができ，時間が経っても安定しており，環境の要因から独立した内容でなければならない，ということです。こうした普遍的定義の基準を踏まえて，Gさんと次のような対話をしました。

〈Gさんとの対話〉

Th. そうすると，うまく話すということは，表面的な技術よりも，多くの人が納得し感動するような内容で，しかも話し手が誠実な気持ちであることが重要でしょうか？

Cl. そうですね。私はそのような話し方ができればいいなと思います。

Th. 世の中には話し方が下手でも，人を感動させる人がいます。そうした人にも，この定義は適用できそうですね？

Cl. はい。

Th. TVのコメンテーターでもうまく話す人がいますが，そういう人たちにもこの定義は適用できますか？

Cl. そうですね。頭のよい人はたくさんいて，論理的だったり，鋭い指摘をしたりする人がいますが，理屈が強過ぎて，「へぇー」と感心はしますが，どこかしっくりこないことが多いです。

Th. やはり，誠実な思いで語られていないと，理屈を理解できても感動しない，胸に響かないということでしょうか？

Cl. ああ，そうですね。そう思います。

Th. バラエティ番組でも，適当な気持ちでネタを披露している芸人さんはあまり面白くなくて，すぐに飽きてしまう。でも，一所懸命に誠実にネタを披露している芸人さんは，どこか惹きつけられて，またみたいと思います。

Cl. そういえば，そうですね。お葬式でも，形式的な言葉がちゃんと言えるか，流暢に話せるかだけでなく，気持ちがこもっているかが大事なんですよね。

Th. その気づきはいいですね。そうすると，たとえ言葉が拙くても，相田みつをや山下清のような気持ちがこもった言葉を話せると，相手の胸に言いたいことが届きやすいですね。

Cl. そうですね。

Th. そうすると，うまく話すということは，表面的な技術だけでなく，多くの人が納得し感動するような内容で，しかも誠実な気持ちで話すことと定義できそうですね。

第3章　物事の本質をみつけ出し，クライエントの気づきを高める　91

　この対話では，あえて極端な例や複数の事例を出して定義を検証しています。事例が極端だったり多彩だったりすると，あいまいな定義を捨てられることが多いからです。また，「この言葉が本当だとしたら，どんな結果がもたらされるか？」と尋ねることで，定義によって何らかの不条理な結末が明らかとなり，クライエントは自らの定義を修正する必要があることを理解するでしょう。

4 普遍的定義の効果

　普遍的定義について話し合うことの効果は多岐に及びます。もっとも基本的なものは，セラピストとクライエントが互いに明確に定義を理解するために，使用される用語のあいまいさを取り除いてくれることです。他にも次のような6つの効果があります。

- 所属領域の明確化（心理的問題のテーマが属する領域を明確にすること）
- 潜在的原因の同定（心理的問題の背景に潜む原因を見つけること）
- 新たな知識の確立（新たな知識を作り出すこと）
- クライエントの視野を広げる
- 過度な一般化の制限
- 行動変容への誘導

4.1 所属領域の明確化

　普遍的定義が明確になると，新たな問題がその普遍的定義に当てはまるかどうかの判断が容易になります。普遍的定義の特徴を基準として，クライエントが語る内容や出来事の意味がそれに合うかどうかを検証できるからです。それゆえ，普遍的定義の特徴は，恣意的だったり偶発的だったりしてはいけませんし，私たちは定義の本質をできる限り理解する必要があります。

たとえば，自分自身の存在意義について悩んでいる男性クライエントがいました。彼は，自分自身が空虚で，生きる意味がないと苦悩していたため，存在価値を高めようと職場の同僚からよい評価を受けるための行動に駆られていました。上司や同僚からの要求に忠実に応え，自分1人で抱えられる以上の業務を請け負い，ひと月100時間以上という残業をこなしていました。セラピストは，彼が考える存在価値の定義を尋ねました。彼は，「周囲の人から必要とされること。自分が何かの役に立つこと。代替のきかない仕事ができるようになること」だと述べました。そこでセラピストから，引退した労働者やハンディキャップを負った人，公的援助を受けなければ生活できない人，休職中の人は，社会に対して業績を積み上げることができないので存在価値がないと言えるかと質問をしました。彼の考える存在価値の定義では，その人たちの存在を価値づけられないことに彼は気づきました。そこでセラピストから，存在という言葉の意味を質問しました。彼はその質問に答えることができませんでした。セラピストからみて，彼の存在価値とは利用価値，もしくは道具的価値であることは明らかでした。さらに利用価値を高める行動には，周囲から利用された後に利用価値を失うというデメリットがありました。そこで，セラピストの理解したことを彼に伝え，利用価値から離れて，本来の彼が欲している存在価値についてその普遍的定義を検討しました。すると，人間という存在そのものを価値という基準から離れて考えると，木や草がただそこにあるように，自分という存在に対して肯定でも否定でもない感覚がして胸のあたりが軽くなることに彼は気づきました。このように，彼が求める存在価値とは，利用価値だけでなく，あらゆる価値という基準から離れた，存在そのものに関する概念であることが明確になりました。

4.2 潜在的原因の同定

　クライエントにとって重要な概念について話し合うと，心理的問題の隠れた原因を発見できることがあります。心理面接では，クラ

イエントが抱えるさまざまな問題の共通要素を探索することがあります。この共通要素がクライエントの心理的問題の潜在的な原因となっていることが少なくないからです。この作業では、出来事を「きっかけ→反応→結果」に分類します。

　たとえば、職場で書類を床に落とすと、それを消毒する強迫行為を繰り返す成人女性のクライエントがいました。彼女は「ばい菌が付着する」という侵入的なイメージによって恐怖を感じ、自宅でコートを床に置くこともできませんでした。さらには、出張の際には宿泊先であるホテルの部屋でばい菌を浴槽につけて汚してしまうのではないかと恐れ、ホテルのシャワーを浴びることができませんでした。彼女は出張のたびに料理用のラップを足に巻いて、自分の裸足が浴槽につかないようにシャワーを浴び、そのままベッドで寝ていました。カウンセリング・ルームでも、そこに用意されてあったスリッパを履くことができず、使い捨てのスリッパを自前で用意していました。彼女は、ばい菌を感染させる侵入的なイメージが浮かび、それを修正することが困難でしたが、結婚した後はそのイメージがあまり浮かばなくなりました。

　幼少期の状況を尋ねると、親が地位のある立場についていたために周りの目を気にすることが多かった体験や、過干渉を受けるせいで親との関わりを回避していたことがわかりました。こうした事象の共通要素について探索すると、他者からの期待に対する見方が中心となって、多くの問題が配置されていたことがわかりました。すなわち、クライエントは、他者からの期待は絶対に裏切ってはならないもので、それに応えないという選択肢はないと定義していました。この独自の定義がもとになって、書類のような衛生とは無関係の物品も「常に清潔にしておかなければいけない」という飛躍した推論が生じ、自分がばい菌を感染させることで他者の「清潔でありたい」という期待を侵害するのではないかという恐れを抱いていたのです。

　彼女の夫は彼女に多くを期待せず、たとえ期待から外れても受け

入れてくれるおおらかな性格だったため，夫といれば期待に対して恐れを抱く必要がなかったことから，ばい菌のイメージが生じなかったというわけです。

　セラピストと彼女は，症状の背景にある潜在的原因が彼女の「他者からの期待」についての定義にあると理解し，その独自の定義について議論しました。そのなかで，「他者からの期待」は絶対的なものではなく，それに応じるか拒否するかは本人の選択であること，期待に応じられないときの責任は期待した側が負うものであって自分ではないこと，さらに期待とは相手からの要求でも義務でもなく，相手が望ましい結果を待ち受ける姿勢であることを明確にしました。

　彼女は，その後，親との関係においても，親の期待を断ったり，それを修正したり，親の期待とは異なる考えを自己肯定する練習をしたりして，以前とは違う落ち着いた親子関係を体験することができました。それにともなって，かつての強迫観念は生じなくなりました。

4.3　新たな知識の確立

　普遍的定義について話し合うことで，クライエントがすでに持っている情報や理論を拡大させ，そこから新たな知識を得ることができます。それが可能なのは，普遍的定義について話し合うプロセスに，概念を表現する言葉の意味を吟味する作業や，世間一般の標準的な見方を知る作業など，新たな情報を取り入れるプロセスが含まれているためです。さらに，クライエントがすでに持っている情報と新たな情報とのすり合わせや比較検討といった作業には学習的側面があり，新しい情報が古い情報を凌駕するほど学習されたときに変化が生じます（ウェルズ＆マシューズ，2002）。

　たとえば，うつ病で休職した教師がいました。彼は，上司から要求されたことを断ることができずに，日頃から業務負荷が過重になる傾向がありました。さらに，彼は職場のほかの同僚も業務負担が大きいことを気にかけて，休職したことについて自分だけが休ませ

てもらって申し訳ないと自責的になっていました。

　心理面接が進むにつれて，過大な業務負担を抱えた同僚への配慮よりも，周りの期待に応えられない自分への落胆が上回っていることに気がつきました。過大な業務負荷を抱えることや同僚への配慮は，期待に応えられない失敗者である自分への落胆を埋め合わせるための行動であると理解すると，他の領域でも同様の問題があることに気づくようになりました。

　自分は「期待に応えられない失敗者である」という信念を補償する行動は，近所付き合いや，親との関係でも生じていました。また，彼は同性愛の傾向がありましたが，それは異性と付き合うほど自分には価値がないとか，「期待に応えられない失敗者である」とかという心的負担を減らすために，頼りがいのある男性と同一化することで身体的に安心感を得たいという欲求から生じていることがわかりました。認知療法で求められるホームワークができないのも，失敗者となることを恐れた回避行動でした。ちなみに，自分が「期待に応えられない失敗者である」ことが教え子に見つかってしまうと学校で嫌な噂や批判を流布されるのではないかと恐れて，混雑した電車に乗れなくなり，心理面接のために片道約3時間かけて歩いて来所するという回避行動もとっていました。

　さらに，彼は，どの程度他者の期待に応えられるかという道具的な価値基準で自らを評価することによって，失敗者であるという信念を強める悪循環に陥っていました。その基準の定義について話し合うと，どんなに道具的な価値を高めた自分を認めてもらっても，利用価値がなくなったら使い古された道具のように捨てられることに気づきました。その話し合いを通して，道具的な価値とは別に，存在そのものに価値があることを発見しました。たとえ使い古された道具であっても愛着のある道具を捨てられないように，成績がよくても悪くても子どもを愛する親のように，存在そのものが無条件で肯定される視点があることを学習し，新たな枠組みで自分をとらえなおすことができるようになりました。

4.4 クライエントの視野を広げる

　クライエントが特定の問題に過度に焦点化して視野が狭くなったり，あるテーマにこだわったりすることで，心理面接が停滞するときがあります。こういうときは，普遍的定義を検討することで停滞状況を打開することができます。普遍的定義の検討を通して，クライエントが自分の定義に含まれていなかった要素を新たに学習し，これまでより広い視野で特定の問題をみなおすことは，解決の糸口をみつけやすくさせます（ベック，1990）。

　たとえば，自分の感情に耐えられないという否定的認知によって自らの感情を抑制するクライエントがいるとします。しかし，クライエントが自らの恐怖について話し合えること自体が，恐怖に向き合うための強い意思と勇気を持っている証拠だと気づくことができれば，それまでよりも自分の感情耐性に関する視野が広がります。自分の感情に耐えられるという肯定的な認知を持つことで，恐怖という自らの感情への防衛を解きほぐすことが容易になります。

　このように，クライエントが持っている定義を広げることで，クライエントがそれまでとは異なる視点や枠組みで問題をみなおすことができ，出来事について主観と客観が混在した状態を整理できるようになります。こうした認知的作業の目的は，クライエントの定義を否定することではなく，狭い視野にとらわれた状態から別の見方へのクライエントの気づきを高めることです。普遍的定義についての議論の本質は，クライエントが自らの信念を検討し，それに挑む姿勢を学習することにあります（ベック，1990）。

　ある成人女性のクライエントがいました。彼女は，親から受けていた心理的虐待めいた厳しいしつけを，よくあることだと考えて何ら疑念を抱いていませんでした。そのため，職場の上司からパワハラを受けた際に，自分が上司から否定的な感情をぶつけられていることに疑問を持たず，自分の能力がないために叱責されているのだと認識していました。

　彼女は虐待を身体に対する暴力だけだと定義していました。そこ

で心理面接では，もし飼い猫が飼い主から罵声を浴びせられたり，毎日嫌味を言われたり，とくに理由がなくとも意地悪をされ続けたりすることは，動物虐待に当てはまらないかと彼女に問いかけました。彼女は，それは動物虐待だと言いました。さらに，学校で1人の子どもに対する集団による嫌がらせがあったら，身体的な暴力行為がなくても心理的な暴力だと考えられるかどうかを質問すると，クライエントは暴力に当てはまるかもしれないと答えました。そこで，脆弱な子ども時代に身体的にも社会的にも力の勝る親が持続的に子どもに対して否定的な感情をぶつけることは心理的虐待には当てはまらないのかと質問しました。彼女は一旦困惑しましたが，それは心理的虐待とよべる可能性があると認識できました。事故や自然災害のような大きな心的外傷体験でなくても，家庭での小さな外傷体験を何度も繰り返し体験すれば複雑性トラウマになることを心理教育的に説明しました。そして，母親に対して今でも体が萎縮する身体反応があるかどうかを質問しました。萎縮に気づいた彼女は，ここで初めて自分が受けた厳しいしつけが半ば心理的虐待とよべるものであったと理解できました。

　それ以後，上司から受けていた叱責や罵声も，母からと同じような，もしくはそれ以上の心理的虐待のようなものだと気づき，職場での出来事はパワハラであったと理解できました。彼女は，それまでとは異なる視点で問題を見ることができるようになり，視野を広げることの重要性を学ぶことができました。

4.5 過度な一般化の制限

　クライエントのなかには，1つの出来事に含まれる定義が他の状況にまで幅広く当てはまるととらえてしまう人がいます。これは「過度な一般化」とよばれる認知的な歪みです（ベックら，1992）。過度な一般化に関わる普遍的定義を検討すると，クライエント自らが一般化に適切な制限を設けられるようになります。この認知的作業では，1つの出来事に関する普遍的な内容と特異的な内容をクライ

エントが分離できるように学習することが重要になります。

たとえば，女性らしさに強いこだわりを持った成人女性のクライエントがいました。彼女は，自身の体重と見た目の美しさを女性らしさだと定義していました。実際に彼女は身長が160cmで体重が43kgでしたが，人から細いねと言われる状態でなければ気持ちが落ち着きませんでした。このような極端な基準は，彼女の自己肯定感を脅かし，少しでも気を抜くと価値のない自分になってしまうと感じさせていました。彼女は誰から見ても華奢であるという外見を過度に一般化し，それが女性の美しさにとってきわめて重要な価値であると定義していました。

心理面接でセラピストは，女性らしさを象徴する要素をできる限り挙げるよう彼女に質問しました。セラピストと彼女は，それを踏まえて女性らしさについての普遍的定義を話し合いました。外見だけでなく内面の資質も女性らしさの定義に含まれることや，外見的な女性らしさのみを自分に適用することで，かえって女性らしさのバランスを崩していたことに彼女は気づきました。

彼女は思いやりや繊細さ，気づかいの細やかさ，多少の受動性（これは日本的な女性像でしょう）という資質があり，それが同僚から女性らしさだと受け入れられていることに気づきました。

彼女は外見的な側面に制限されていた彼女自身の定義を広げて，外見的な女性らしさを過度に一般化する傾向を修正することができました。彼女は女性らしさを再定義し，自己肯定感を徐々に改善させることで，体重へのこだわりが緩和され，痩せすぎのときの身体感覚に違和感を持ち始めました，その結果，彼女の体重は健康的なレベルまで増加しました。

4.6 行動変容への誘導

普遍的定義を検討することによって，クライエントは以前とは違う見方ができるようになります。新たな視点を得ることで，慢性化した問題に対して斬新なアプローチを発見できることがあります。

たとえば，シングルマザーのクライエントがいました。彼女は幼少期に母親がたびたび失踪し，そのつど父親からその責任を押しつけられて罵倒される経験を持っていました。こうした心理的虐待やネグレクトの経験によって，彼女は他者に服従する行動パターンを身につけました。結婚後は夫の家庭内暴力にさらされたため，数年で離婚に至りました。離婚後，元夫と子どもは定期的に面会していましたが，そのたびに彼女は元夫から性的関係を求められ，それを断ることができませんでした。なぜなら，彼女は，子どもが父親と会うために，また父親からの養育費を途切れさせないために，元夫の要求をのまなければならないと考えていたからです。

そこで，心理面接において，セラピストと彼女は父親の役割に関する普遍的定義を検討しました。セラピストから「父親とは子どもにどんな役割を果たすことで，父親たりうるのだろうか？」，「養育費を支払っていることだけで父親と言えるのだろうか？」，「遺伝的に子どもの父というだけで，その子の母に何を要求しても許されるのだろうか？」，「子どもが望む父親とは，どのような振る舞いをする父親だろうか？」など，父親の役割を明確にするための質問を彼女にしました。「親子関係は遺伝的関係が何よりも優先され，自分の気持ちを優先させる余地はない」と定義していたことに彼女は気づきました。そして，父親であるためには遺伝的関係よりもはるかに多くの要素を必要とすることを確認しました。父親とは，子どもに対する愛情があり，子どもに対して養育的な世話をすることができ，離婚した後でも子どもの母である元妻の権利を尊重できる成人男性である，と彼女は再定義しました。彼女は元夫が持っていた支配的役割から子どもに対する遺伝的側面を分離させることで，離婚後の元夫との関係に新たな視点を発見し，それまでの従属的な関係に終止符を打つことができました。

5 まとめ

　普遍的定義を検討する作業は，ある概念の複雑で混沌としたところに焦点をあて，そこから妥当で抽象的な意味をみつける試みです。その作業からみつけ出された意味は，安定して変わらず，抽象的で一般化されたもののはずです。本章で挙げたいくつかの事例からわかるように，普遍的定義にはクライエントの混乱した心理的世界に秩序を与える力があります。普遍的定義を検討する作業を，クライエントが自らの偏った見方や歪んだ仮説から距離をとり，大局的な観点から自分の問題を再評価できるようになるための支援法なのだととらえてください。

文献

アーロン・T・ベック［大野裕 訳］（1990）認知療法——精神療法の新しい発展．岩崎学術出版社．

アーロン・T・ベック，A・ジョン・ラッシュ，ブライアン・F・ショウ，ゲアリィ・エメリィ［坂野雄二 監訳，神村栄一，清水里美，前田元成 訳］（1992）うつ病の認知療法．岩崎学術出版社．

エイドリアン・ウェルズ，ジェラルド・マシューズ［箱田裕司，津田彰，丹野義彦 監訳］（2002）心理臨床の認知心理学——感情障害の認知モデル．培風館．

八木雄二（2016）哲学の始原——ソクラテスはほんとうは何を伝えたかったのか．春秋社．

第4章

「私は知っている」という
思い込みをなくすには

知識の否認

1 知識の否認とは

　ソクラテス的手法では，セラピストとクライエントの双方に「知識の否認」の態度を取ることを求めます。「知識の否認」とは，「すでに得られている情報を，客観的事実としてではなく，仮の信念，あるいは仮の個人的意見としてとらえること」を意味し，いわゆるソクラテスの「無知の知」と共通する態度です。言い換えると，「知識の否認」とは，「その情報は本当に客観的な事実なのか？」と疑い，問う態度です。つまり，認知には絶対的な確実性はなく，仮の信念と個人的な意見に基づいた認知プロセスのみが存在すると考える態度です。

2 「知識の否認」を活用するための前提条件

2.1 セラピスト自身による実践
　私たちが何かを学んだり習ったりするとき，最良のトレーナーやインストラクターとは，そのことに詳しいだけでなく，使いこなしている人です。たとえば，料理教室のインストラクターに私たちが

望むことは，彼ら自身がそのレシピで美味しい料理を作った経験が豊富で，料理を楽しんでいることです。「私はこの料理を作ったことはありません。でも，こうすれば美味しくできるはずだからやってごらんなさい」と言われても，料理を作る気力は萎えてしまいます。一緒に作りながら自分の経験を話してくれたり，実践的なコツやヒントを教えてくれたりするようなインストラクターのほうがよいに決まっています。同様に，認知療法を提供するためには，セラピスト自らが認知療法を身につけて使いこなしていることが重要です。セラピスト自身が十分に「知識の否認」を実践したうえで，次のように実感を持ってその難しさや，メリット，実践の工夫を伝えてください。

〈セラピストからの説明の例〉

Th. 「知識の否認」という言葉があります。これは，今，得られている情報を，客観的な事実としてではなく，仮の信念，あるいは仮の個人的意見としてとらえることを意味します。簡単に言うと，自分が「知っている」こと，「わかっている」ことについて，「本当にそうかな？」，「『本当にわかっている』と言えないなら，どういうことになるだろう？」と疑ってみることです。

私自身，これを心がけるようになってから，心配することが少なくなりました。以前は，大勢の前でお話しなければならない場合に「きっと失敗するだろう」という考えが浮かび，すごく緊張していたものです。「失敗する」というのは事実ではなく仮説に過ぎず，その仮説が正しいかどうか検証する必要があると考えるようになって，「同じような発表ではうまくいった」ことを思い出して少し自信を持てることが増えました。あるいは，「仮説を確かめるために発表するのだ」，「どんなふうにどうやって失敗するか観察してみよう」と考えることでかえって落ち着いて発表できたこともありました。以前は，「失敗することを知っている。間違いない」と思い込んでいたのですが，今は「知識の否認」を使って検証する態度になっています。

疲れていたりすると最初に浮かんだ考えを検証せず振り回されそうになることもありますが，ひと呼吸置いてから検証するようにしています。

2.2 「知識の否認」と治療関係——協同的経験主義について

　オーバーホルザーは，「知識の否認」の重要な要素のひとつとして協同的経験主義を挙げています。ここでそれについて確認しておきましょう。

　認知療法の治療関係は協同的経験主義に基づいています。「協同的」とは，クライエントとセラピストが互いにパートナーとなり，2人で協同して治療を進めていくという姿勢を意味しています。また，「経験主義」では，クライエントとセラピスト双方の意見はどちらも検証可能な仮説としてとらえられ，クライエントとセラピストが一緒に検証し，面接目標の設定や問題解決に役立てていくことを意味しています。つまり，これはまさに「知識の否認」をクライエントとセラピストが協力して実践することです。協同的経験主義の態度を取ることで「知識の否認」は促進され，「知識の否認」を意識することで協同的経験主義に基づく治療関係がより強化されます。

　協同的経験主義には臨床上の多くの長所があります。たとえば，クライエントが意見や情報をセラピストに提供して，能動的に治療に参加することが促されることです。協同的経験主義のもとではクライエントとセラピスト双方の意見が検証可能な仮説として扱われ，クライエントもセラピストも「完全に知っていることや，完全にわかっていることはない」という前提で面接が進展するため，クライエントはセラピストに一方的に教えてもらう，治してもらうという受け身的な態度を続けることはできません。認知療法の開始時点からセラピストとともにクライエント自身が積極的に認知療法に取り組むことで，将来セルフヘルプのために認知療法を使いこなす練習ができます。

　次に，「あなたの話を誤解なく理解している」とセラピストからク

ライエントに伝えられることも長所です。わかったふりをしないセラピストは，本当にわかるまでクライエントに質問をします。互いに理解が同一になるまで対話を続けることで，本当の意味での共感が可能になります（p.109の，入院について振り返る事例を参照してください）。

　さらに，問題解決を楽しむ姿をクライエントに提示できることです。「知識の否認」には，「学びへの純粋な欲求」が含まれます。つまり，治療態度は中立的なものではなく，知的な，あるいは「相手のことをもっとよく知りたい」という好奇心に基づくものだということです。セラピストがクライエントに寄り添ってともに学び，学ぶことに喜びを感じていることがクライエントに伝われば，相互の関係も深まり，心理的介入の進展に大きく貢献するでしょう。

3 「知識の否認」と問題解決

　「知識の否認」を実践することによって，不合理な信念に対する確信度を低め，新しい情報を探す力と批判的な思考の力を高めることができるため，「知っているつもり」から生じる問題の解決につながります。

　オーバーホルザーは，不十分な「知識の否認」が心理的問題を生じさせると考えています。たとえば，未来のことを「知っている」ときに不安は生じます。「失敗するに違いない」，「悪いことが必ず起きる」という考えは，未来の不確定な出来事を「確実に知っている」と思うところから生じ，その考え方が不安を高めるのです。

　また，オーバーホルザーも述べているように，過去の出来事のほとんどは正確に記憶されていることはなく，記憶の隙間を埋めるためにさまざまに再解釈されているのですが，それを間違いなく正確な事実だと考えている場合にも問題が生じます。たとえば，過去にあった不幸な出来事は「自分のせいだとわかっている」と確信すれ

ば（たとえば、「両親の離婚は私が悪い子だったからに違いない」と
考えること）、自責的になったり、抑うつ的になったりします。そし
て、多くの人には、自分の信念に合致する証拠を集め、信念と合致
しない証拠を無視したり過小評価したりする傾向があります（＝確
証バイアス）。確証バイアスを通して入ってきた情報を「知っている
こと」として扱うと、さまざまな心理的問題が生じます。ですから、
「知っている」、「わかっている」の逆である「知識の否認」の態度を
身につければ、苦痛を伴う問題が改善の方向に向かうと考えられま
す。

　また、オーバーホルザーは、「知識の否認」を通して１つの視点で
は問題解決に限界があることに気づくと言っています。視野が広が
ることで、問題解決や苦痛の軽減のためにできることの選択肢も増
えます。

　このように、ソクラテス的手法では、不適応的な信念を適応的な
ものに置き換えることよりも先に、「変化の方法」をクライエントが
理解できるように支援することが重視されています。

〈仲間と喧嘩した小学生Ｈさんとの対話〉

Cl. みんな私が嫌いなんだよ。幼稚園でも仲間はずれにされたし、お母
さんは中学に行って新しい友達作ればいいって言うけど、もう友達
なんかできないよ。こないだ隣のクラスの男の子にもこっち見るなっ
て言われたし。

Th. そう思うとつらいね。幼稚園のときにも仲間はずれにされたのね。

Cl. そう。

Th. 小学校に入ってからはどうだったんだっけ？　ずっと仲間はずれに
されてたのかな？

Cl. 別の幼稚園から来た子とか新しくお友達ができたし、幼稚園のとき
のお友達もなんか普通に話したりとか。

Th. 新しくできたお友達が誰だか聞いてもいい？

Cl. ＸちゃんとかＹちゃんとか。

Th. 今回喧嘩した子とは別の子だね。XちゃんとかYちゃんとかとは今は？

Cl. 違うクラスだけど，ときどき，帰ってから一緒に遊ぶ。

Th. そっか。XちゃんやYちゃんは嫌いな子とも遊ぶのかな。

Cl. 嫌いではないと思う。

Th. そうか。前に喧嘩したときはどうしたの。そのまま絶交になっちゃった？

Cl. 普通に，なんか仲直りしたりとか。先生に相談して放課後に話し合いして言いたいこと言い合って，お互いに嫌なことはなおすってして，また遊ぶようになった。

Th. そっか。そういう方法もあったんだね。

Cl. うーん。先生に言ってみようかな。でも，もう今回の子とは，もともと合わないし，もういいかな。クラスにはZちゃんとか仲良くできる子もいるし。

Th. そうなの。合わない子もいるよね。

Cl. そうだよね。

Th. 表情が明るくなったようだけど。どうしてかな？

Cl. 先生がいろいろ聞いてくれたから。

Th. それもあるけど，ぜんぶHちゃんが教えてくれたことだよ。私がいろいろ聞いたときどう思った？

Cl. 誰も私のことが好きじゃないって言うのは，そう思ったけど本当じゃないってこと。XちゃんやYちゃんやZちゃんがいるってこと。

Th. はじめに思ったことが本当のことじゃないこともあるんだね。

Cl. そうかも。また困ったら思い出してみるね。でもまた相談に来てもいい？

Th. もちろん。他の人に話して一緒に考えるっていうのもよかったのかもね。

Cl. うん。

4 「知識の否認」を実践するために

4.1 セラピストによる実践

4.1.1 純粋な質問

　質問する際には「純粋な質問」が重要だと言われています。セラピストが期待する回答を得るためにクライエントを誘導するような質問は，「知識の否認」からしても望ましくありません。また，クライエントがどんな回答をしたとしても，セラピストはその回答を受け入れて柔軟に対応することが必要です。セラピストが期待した答えになるまで質問を繰り返したり，セラピストが選択肢を恣意的に示したりしてはいけません。また，期待した回答では喜び，そうでない場合は黙るというようなセラピストのリアクションがクライエントの回答や「知識の否認」に影響を与えます。クライエントがセラピストの想定やリアクションに影響を受けていると考えられるときは，そのことを率直にクライエントと話し合いましょう。

〈「知識の否認」を使わないセラピストの対話〉
（想定した答えを引き出そうとする）

Th. これまでで，彼との話し合いがうまくいったことはありませんでしたか？

Cl. 一度もありません。いつも彼は私の意見を聞いてはくれません。

Th. いつも必ずですか？　一度も例外はないのですか？　よく思い出してください。

Cl. 一度も例外はありません。本当にないんです。だから私は苦労しているんですよ。

〈「知識の否認」を使うセラピストの対話〉

Th. これまでで，彼との話し合いがうまくいったことはありませんでしたか？

Cl. 一度もありません。いつも彼は私の意見を聞いてはくれません。

Th. だだの一度もですか？　毎回，ちっとも意見を聞いてくれないのですね。それは，大変ですね。

Cl. そうなんです。

Th. お付き合いされて3年でしたか？　交際が続く理由は何でしょう？

Cl. 私が我慢してきたってことでしょうか。

Th. ただの一度も意見を聞き入れられないのに3年も我慢してきたのですね。大変でしたね。Iさんは我慢強いのですね。

Cl. 彼もそう悪い人でもないのです。そういえば引越しの件では私の意見を聞いてくれました。

4.1.2 わかるまで尋ねる。わかった気にならない。
わかっているように振る舞わない。

　オーバーホルザーは，ソクラテス的手法では「セラピストが中庸を保つ大切さと，エキスパートの役割を避けることが強調される」と言っています。セラピストは認知療法の専門家ですが，そのクライエントのことをすべて知っているわけではありません。ですから，クライエントの話でわからないこと，知らないことがあるのは当然です。上述のように「知識の否認」は「学びへの純粋な欲求」を含みますから，知らない事実が出てきたら，「専門家なのに恥ずかしい」と考えるのではなく，新たな情報が加わることでクライエントについてより正確に理解できるようになるのですから，喜ばしいことだと考えてください。

　セラピストがわからないことは，わかるまでクライエントに尋ねます。それによって，クライエントの理解も深まり，知識がセラピストと共有されます。筆者自身，初学者のときには「質問を重ねることはクライエントを困らせるのではないか」と考えることもありましたが，自分のスーパーヴァイザーから関心を持っていろいろな質問をされ，自分もスーパーヴァイザーも本当に腑に落ちたという瞬間を経験して，「本当にわかってもらった」という感覚は聞き手も

わかるまでやり取りすることなのだと実感しました。もし，クライエントに質問をしすぎることが心配なら，同僚や友達とロールプレイを行なってクライエント役を経験してみてください。

　セラピスト自身がすぐに「わかった」と感じたときは，「他の人のことを容易にわかるはずがない」という前提を思い出さなければなりません。セラピストは自分の確証バイアスやスキーマを意識しながら，共通理解ができるように努力して，クライエントへの確認を続ける必要があります。

〈「知識の否認」を使わないセラピストの対話〉

Cl. そのことがきっかけで，1年ほど入院しました。

Th. それは大変でしたね。

Cl. まあ，そうですね。

Th. 1年は長いですものね。

Cl. そうですね。まあいいこともあったんですが。

Th. 入院生活だとやりたいことができないですよね。退院できてよかったですね。

Cl. はい。それはとてもよかったです。

Th. もう入院しないで済むように一緒にがんばっていきましょう。

Cl. はい。

〈「知識の否認」を使うセラピストの対話〉

Cl. そのことがきっかけで，1年ほど入院しました。

Th. それはあなたにとってどのような経験ですか？

Cl. とてもよい経験です。

Th. そうでしたか。どんなふうによい経験だったか教えてもらえますか？

Cl. いいこともあったってことですよ。

Th. すいませんが，Jさんにとって何がどんなふうによかったか，ぜひ知りたいので教えてもらえませんか？

Cl. 私はそれまで病院が嫌いで，きちんと治療を受けたことがありませ

んでした。精神科の病院って怖いイメージで。私は頭がおかしくなったわけじゃないって思ってました。相談に行っても私の話を信じてもらえない気もして。ですから，強制的な入院をした当初は，そのことが不満で，看護師さんにあたったり，ものを投げたりして，保護室に入れられたこともありました。ただ，担当になった心理士さんがとても親身になってくれたんです。

Th. 親身になってくれたというのは？

Cl. これまで家族に聞いてもらえなかった話もちゃんと聞いてくれたのです。心理士さんも幻聴や妄想だと思っていたと思います。でも否定せずに聞いてくれて，心理士さん自身は，そういう経験がないから信じがたい思いもあるけれど，それだけのことがあったとしたらおつらかったでしょう，と言ってくれて。そこから一緒に病気のことを勉強したり，怖い思いをすることについての対処を考えたりしました。きっと入院でなくて通院だったら心理士さんと信頼関係ができる前に私は通院をやめていたでしょう。今では，落ち着いて生活できています。そのきっかけになったので，あの入院は私にとってよい経験だったのです。

Th. あぁそうだったのですね。なるほど，それは，よい経験でしたね。

Cl. そうなんですよ。わかってもらえて嬉しいです。入院なんて言うとみんな嫌な経験だと思うかもしれないけど。

Th. いい出会いもあったし，Jさんも頑張られたのでよい経験になったのでしょうね。ところで，ちょっと気になったので聞いてみたいのですが，通院だったら信頼関係ができる前に通院をやめていたでしょうということですが，こちらに移られてから通院は続いていますね？

Cl. 通院を続けること，薬を続けることが大事だと入院中にわかりましたから。

Th. そうですか。もし，通院やカウンセリングをやめたいなとかこんなところが嫌だなと思ったら，教えてもらえますか？　Jさんにとってどうするのが一番いいことか一緒に考えたいので。

Cl. そんなことを言ってもいいのですか？

Th. 是非お願いします。

Cl. わかりました。

4.1.3 セラピストの考えを仮説としてとらえる

「知識の否認」では，セラピストの考えもクライエントの考えも検証されるべき仮説としてとらえます。セラピストは自分の考えを「仮説」としてとらえる練習を日頃から行なうべきです。認知再構成法を自分の認知に対して日常的に実践することは役立ちます。それを通じて，セラピストは自分が常識だと考えていることに注意を向けられるようになり，常識を疑うことが可能になります。

〈「知識の否認」を使わないセラピストの対話〉

（休職中のクライエントが職場の人事担当者と復職の相談をする）

Cl. 自分の望まない条件を提示されたら法的手段に訴えると伝えたほうがいいでしょうか？

Th. 初回でそんなことをすれば，相手が防衛的になって，今後の相談がしにくくなるのでやめましょう。

Cl. そうですか。でも，言わなければ会社の言いなりになりますよ。

Th. 初回で言わなくても会社の言いなりにならない方法はあります。まずは，会社側の復職に向けた提案や要望をよく聞いて来てください。

Cl. それでもし不利になったらどうしてくれるんですか？

Th. そんなことになった人はこれまでいませんよ。

〈「知識の否認」を使うセラピストの対話〉

（休職中のクライエントが職場の人事担当者と復職の相談をする）

Cl. 自分の望まない条件を提示されたら法的手段に訴えると伝えたほうがいいでしょうか？

Th. それはちょっと唐突ですね。そうするともめる可能性があると思います。復職については人事担当者との最初の話し合いですよね？私だったら，初回なのでもめずに話を進められたらいいと考えるの

ですが。そのほうが，人事担当者がどう考えているかたくさん聞けると思います。どうでしょう？

Cl. もめたとしても構いません。相手が強い態度に出れば，私も強い態度に出ます。私はもともとディスカッションが好きですし，そのようなやり取りは苦になりません。

Th. なるほど。あなたはそういうやり取りが苦ではないのですね。(Cl.の考えも，Th.自身の考えも1つの仮説としてとらえて) ところで，私たちは，元の職場への復帰を目指してカウンセリングを行なってきました。それは，変わりないですか？

Cl. ええ，もちろん。

Th. 復職した後も，その会社で働き続けたいですか？

Cl. はい。今の仕事は好きですし，そのつもりです。

Th. では，人事担当者との最初の話し合いで，もめる可能性があるとしても，法的手段もやむをえないと伝えることと，合意できない点は保留にしながらできるだけ情報を引き出すのと，どちらが復職に近づく方法か，復職後の自分にとって働きやすい環境を得られるか，いくつかの点から検討してみましょう。

4.2 クライエントと「知識の否認」に取り組むために

　オーバーホルザーは，「ソクラテス的手法は，クライエントに恥をかかせたり防衛的にさせたりするものではなく，1つの視点だけでは限界があるとクライエントに気づいてもらうためのもの」，「クライエントにとって，自分のバイアスを認めることは決して面白いことでないため，クライエントに対する思いやりがなければソクラテス的手法は失敗する」と述べています。「知識の否認」を通して批判的思考の能力を高めることができますが，そのためには自分の認知を検討する際の証拠の量と多様性が必要です。クライエントに恥をかかせたり傷つけたりせず，「知識の否認」を実践し，証拠の量と多様性を担保するためには次の2点が大切になります。

- ノーマライゼーションを基本とした心理教育を行なうこと
- モデル，質問集，ツールを用いること

4.2.1 ノーマライゼーションを基本とした心理教育を行なうこと

確証バイアスの普遍性を説明したり，セラピスト自身の体験を話したりすることで，クライエントは「知識の否認」ができないという問題を自分だけが抱えているわけではないことや，「知識の否認」は練習して獲得するものだということが理解できるようになります。

〈セラピストからの説明の例1〉

Th. 好きなスポーツはありますか？　弱小チームのファンを続けるためには，確証バイアスは役立ちます。客観的には今年も弱い可能性が高いとしても，「選手の補強がうまくいったから大丈夫かもしれない」，「シーズンのはじめは毎年調子がいいのだから今日の試合は勝つだろう」，「対戦相手の主力選手が出場しないから1点くらい取れるかもしれない」などと考えるからです。これが確証バイアスです。勝ってほしいという自分の希望に沿う情報を都合よく集めるということです。

〈セラピストからの説明の例2〉

Th. 私も先日，オフィスに入るとそれまで談笑していた同僚たちが急に静まり返ったときに，「何か私の話をしていたのかな」，「聞かれたくないってことはよい話ではないだろう」という自動思考が浮かんだんですね。その後すぐランチタイムだったのですが，いつもオフィスで一緒にお弁当を広げるメンバーの2人がお弁当を作ってこなかったので外で食べると出かけました。また，オフィスに残ったうちの1人は，いつもはお弁当を食べ終わっても何かと雑談をするのですが，私が昨日見たテレビの話をしていると電話をかけると言って早々に席を立ってしまったのです。午後の仕事中も隣の席の人にちょっとしたことを聞いたら「ごめん，先に，これやっちゃいたいから」

と断られました。私は,「やはりさっきの話はよくない話だったんだろう」,「私が何か粗相をしたに違いない」と思いました。その夜は,同僚が企画したちょっとした宴席が予定されていたのですが,私は気が進まないまま断ることもできず参加したのです。そうしたら,なんと私の誕生日祝いのサプライズを用意してくれていたのです。私がオフィスに入ったときに静かになったのは,丁度その打ち合わせをしていたからで,お昼休みに外出した2人はプレゼントをお店に置きに行ってくれていたそうです。電話をかけると席を立った同僚は,寄せ書きのメッセージカードを作ってくれていたそうなのです。「聞かれたくないってことはよい話ではないだろう」という自動思考に合致した証拠ばかりに注目していたのです。

4.2.2 モデル,質問集,ツールを用いること

図1に示した認知療法の基本モデルでは,状況と個人の反応である認知,感情,身体反応,行動を分けてとらえます。そして,そのモデルに沿って体験を書き出して図示します。これを外在化とよびます。モデルに沿って外在化することで,クライエントが自分の体験を客観視することが容易になります。そして,ツールをクライエ

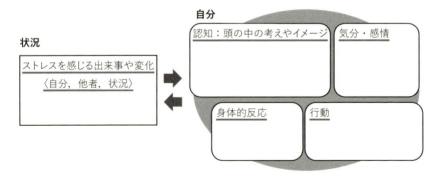

図1　認知療法の基本モデル（伊藤（2006）より）

ントとセラピストが眺めながら話をすることで，クライエントは批
判されたと感じることなく，2人のチームで課題に取り組んでいる
と感じられるようになります。

　オーバーホルザーも「クライエントがただ1つの視点から物事を
見ようとすれば必ずバイアスがかかる。多くの場合，複数の見晴ら
しのよい場所から問題を眺める必要がある」と述べているように，
柔軟な視点，多様な視点で認知を再検討することが必要です。その
ために，次のような質問集が助けとなるでしょう。多様な質問が挙
げられているため，それに沿って考えていけば自然にさまざまな角
度から問題を検討することができるようになっています。さらに，
このようなツールや質問集は，クライエントのセルフヘルプにも役
立つでしょう。

自動思考に対する質問（ベック，2004）

1. どんな根拠があるか？　この自動思考を支持する根拠は何か？
　 この自動思考に反する根拠は何か？

2. 何か別の見方は，あるだろうか？

3. 起こりうる最悪の結果とは，どのようなことだろうか？　自分
　 はそれを切り抜けられるだろうか？
　 起こりうる最良の結果とは，どのようなことだろうか？　起こ
　 りうるもっとも現実的な結果とは，どのようなことだろうか？

4. この自動思考を信じることによって，どんな効果があるだろう
　 か？　この自動思考を修正すると，どんな効果があるだろうか？

5. この自動思考に対し，どんなことを行なえばよいだろうか？

6. もし友人が自分と同じ状況に置かれていたら，その友人に何と
　 言うだろうか？

> **自動思考を検討するための質問集（伊藤（2006）より）**
> 1. 自動思考がその通りであることの事実や根拠（理由）は？
> 2. 自動思考に反する事実や根拠（理由）は？
> 3. 自動思考を信じることのメリットは？
> 4. 自動思考を信じることのデメリットは？
> 5. 最悪どんなことになる可能性があるか？
> 6. 奇跡が起きたら，どんなすばらしいことになるか？
> 7. 現実には，どんなことになりそうか？
> 8. 以前，似たような体験をしたとき，どんな対処をした？
> 9. 他の人なら，この状況に対してどんなことをするだろうか？
> 10. この状況に対して，どんなことができそうか？
> 11. もし，友人だったら，何と言ってあげたい？
> 12. 自分自身に対して，どんなことを言ってあげたい？

5 まとめ

　「知識の否認」を用いれば，「絶対で確実なことが存在する」という誤った認知に振り回されることなく，より適応的な生活を送ることができます。

　人なら誰でも何らかの事象に対して，「自分は知っている」，「自分はわかっている」と言いたくなります。それはセラピストも例外ではありません。「知識の否認」を自分に応用して，その体験から得られた実感を大切にしてください。

　実際の認知療法では，「知識の否認」は協同的経験主義を尊重することにもなります。それに加えて，ノーマライゼーションに基づく心理教育，認知行動モデル，質問集や外在化ツールなどを用いることで，協同作業はさらに促進されるでしょう。

文献

ジュディス・S・ベック［伊藤絵美，神村栄一，藤澤大介 訳］（2004）認知療法実践ガイド・基礎から応用まで――ジュディス・ベックの認知療法テキスト．星和書店．

伊藤絵美（2006）認知療法・認知行動療法面接の実際．星和書店．

第5章

自分らしくあることを支援しよう！

自己変革

1 はじめに

　本章では，ソクラテス的手法における「自己変革」についてオーバーホルザーの論文を参考にしながら解説します。

　オーバーホルザーは，クライエントが自己変革を起こすためには，自己理解，自己受容，自己調整を経験する必要があることを強調しています。本章では，クライエントにそれらを促すための手法について，筆者の臨床経験を踏まえながら解説します。さらに，ソクラテス的手法と関連させながら，認知行動的アプローチについても合わせて解説します。本章はソクラテス的手法のまとめとも言える部分なので，本章の各節で参照すべき章と節を明示します。

　自己変革とは，クライエントが自らの問題を理解し，自らの問題を受け入れ，自らの問題行動をコントロール（調整）できるようになることです。自己変革とは，セラピストがクライエントに与えるものではなく，クライエントが自ら学び獲得すること（自己発見）です。クライエントの自己変革を促すためには，セラピストが教育的な態度で助言や指示をするのではなく，むしろセラピストの「知識の否認」が強調されます（第4章を参照してください）。セラピストは無知な態度を取りつつも，共感的かつ誠実な態度でクライエントに接し，クライエントの自己変革を穏やかに導いていきます。セラピストの過保護な態度は，自己変革にとって逆効果になること

があります。ソクラテス的手法は，セラピストが積極的な指示・助言をして，クライエントを「過保護に」援助するアプローチではありません。クライエントが主体となり，クライエントが自らの認知・行動を変化させながら問題解決に挑めるようクライエントを援助していくアプローチです。

　オーバーホルザーは，ソクラテス的手法を身につけているセラピストとそうでないセラピストの違いを説明するために，次のような例を使っています。あるセラピストは，クライエントが抑うつ状態にあるとき，毎日電話をしてクライエントの気持ちが治まるまで慰めていました。うつを絶望的な暗い深い穴のなかにいる状態にたとえると，そのセラピストはその穴に降りて，クライエントに柔らかくて暖かい毛布を差し伸べていたのでしょう。しかし，その行為は，長期的にみると，クライエントを暗さと孤独に慣れさせてしまいます。そして安心や満足を得るためにセラピストに依存してしまう可能性を高めてしまいます。一方，ソクラテス的手法を身につけたセラピストの場合，セラピストは穴に入らず地面にとどまり，何本かの太くて長い枝とロープを穴に投げ入れて，クライエントがハシゴを作って自力で穴から這い上がるよう援助し，クライエントの問題解決力を高めていきます。このようにしてソクラテス的手法を用いたセラピストは，クライエントが自ら変革を起こし，主体的に問題解決できるようにサポートします。

1.1 自己理解・自己受容・自己調整

　クライエントが自己変革を経験できるようになるには，次の3つの課題を達成する必要があります。

- 自己理解
- 自己受容
- 自己調整

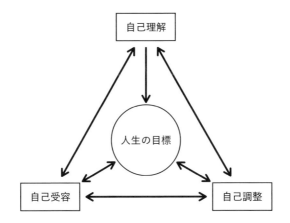

図1　自己理解，自己受容，自己調整の間の関係

　これらの課題の達成を通して，クライエントの自己変革は起こります（図1）。これらの3つの課題は互いに影響し合っています。ソクラテス的手法では，クライエントが自分自身を理解することで人生の目標を発見し，その目標に沿った方法で自らを受け入れ，自分の感情と行動を調整できるように促します。

2 自らを知る──自己理解

　自己理解とは，認知，感情，行動，動機，願望，過去のトラウマ，「本来ありたい自分」，長期的な将来の目標など，クライエントが自分のさまざまな内面を理解することです。ソクラテス的手法を用いた対話によって，クライエントの普段意識されない内面を明らかにして，自己発見による自己理解を促します。自己理解が進むと，クライエントは自分自身を適切な距離からみつめなおすことができます。自らを客観的にみつめなおすことで，ネガティブ感情が減り，新しい視点を持つきっかけをつかめるようになります。感情に振り回されていると

なかなか決断できなかったことも，決断できるようになるでしょう。
次に，どのように自己理解が発展するのかを説明します。

2.1 問題のパターンと原因を解き明かしていく

　問題が起こるパターンを明確にすることを目的とした対話を繰り
返すと自己理解が深まります。たとえば，次のようにネガティブな
感情が生じる場面と，そのときに感じた感情の強さをクライエント
に査定してもらう質問を行ないました。質問法の詳細は，第1章2.1
「問題を明確に定義する」と第2章4「原因と結果を明らかにしよう」
を参照してください。

〈職場の対人トラブルがきっかけでうつ状態に陥ったクライエントとの対話〉
（問題のパターンと感情の強さを査定する）

Cl. 今日，帰宅するときに，偶然あの人をみてしまったんです。あの人
をみると，過去にあったトラブルを思い出してしまいます。そのと
きから調子が悪くなりました。

Th. そうだったのですね。あなたはそのとき，どのような感情を体験し
たのでしょうか？　その感情を言葉にすると，何という感情でしょ
うか？

Cl. 怒りです。あと，すごく落ち込むというか，沈む感じ。

Th. そのような普段は現れないような特別な感情が，例の人をみかける
と起こってしまうのですか？

Cl. そうですね……。でも直接みなくても，その人のことが頭に浮かぶ
と，どうしても過去のことを思い出して，怒りが湧いてくるんです。

Th. 例の人をみたり，その人を思い出すような状況でも，怒りや沈むと
いった感情が起こってくるのですね。

Cl. そうです。

Th. 感情の順番はどのようになっているのでしょうか？　怒りと沈む感
じは同時に起こる？　それとも最初に怒りがくる？

Cl. 最初に怒りが出てきた……。でもその後はずっと沈む感じです。

Th. ずっとというと，どのくらい？

Cl. その日は一日中ですね。ひどいときは，次の日まで沈んでいます。

　このような対話を通して，クライエントは自らがさまざまな種類の感情（不安，怒り，憂うつなど）を体験していることに気づくでしょう。さらに，どのような状況で，どのようなネガティブな感情が強くなるのかといったパターンについても話し合います。このように，クライエントが苦しんでいる問題のパターンを明確にすることによって，自己理解が促されます。

　さらに重要なのは，問題のパターンを話し合いながら，ネガティブな感情が起こる理由を明らかにしていくことです。これにより，「感情や行動をコントロールするためには何を変える必要があるのか？」を明らかにします。

　ガスコンロを繰り返し確認してしまうことが止められない確認強迫のクライエントを例に考えてみましょう。クライエントは，過剰な確認行為の理由についてセラピストと話し合いました。

〈ガスコンロのスイッチを繰り返し確認する強迫症のクライエントとの対話〉

Cl. 家を出るときに，何度もガスコンロのスイッチを確認してしまいます。すごく時間がかかるので，外出するのがすごく辛くて，億劫です。外出するのが一苦労です。昨日もガスコンロのスイッチを切った後，なぜか，その場から離れられなくなって，じーっとガスのスイッチが切れているのを目でみていた。何分間か，そのままガスコンロのスイッチが切れているのをじーっとみた後に，やっと家を出ようと思うのですが，玄関で靴まで履いたのに，また戻ってガスコンロのスイッチを確認してしまいます。

Th. そんなにも確認をしていたら，確かに外出するのも大変でしょうし，億劫にも感じるでしょう。もっと詳しく聞かせてほしいのですが，もしあなたがガスコンロのスイッチの確認をしていなかったら，最悪どのようなことが起こってしまうと予想しているのですか？

Cl. 起こるわけないのでしょうが……。やっぱり火事のことが気になってしまいます。

Th. なるほど。つまり，家が火事になってしまうのを防ぐために，強迫行為をしてしまうということでしょうか？　あなたの強迫行為は，あなたの家が火事になるのを防がなくちゃいけないという思いがあって，やってしまう行為ということでしょうか？

Cl. そうだと思います。そこが問題なのだと思います。

Th. つまり家が火事になるのを防がなくてはならないという信念が，強迫行為をしてしまうひとつの理由であり，その信念をどうにかする必要があるということでしょうか？

Cl. そうだと思います。

　このような対話によって，確認強迫の背景には「私は何としても，火事になるのを防がなくてならない」という過剰な責任感があることを共有できました。これによってクライエントは，確認強迫の理由となっている過剰な責任感をみつめなおすことが目標であると気づくようになります。

2.2 「本来ありたい自分」について話し合う

　オーバーホルザーは，自己理解によって，クライエントの長期的な人生目標や，本来ありたい自分をみつけることが重要であると強調しています。ソクラテス的手法を用いた対話によって，クライエントは「自分は，本当はどのような人生を送りたいのか」に気づくようになります。たとえば，「あなたは20年後，どのような人生を歩んでいたいと思っていますか？」，「充実した人生を送るために，どのようなことが必要だと思いますか？」という質問をしながら，クライエントの人生の目標を話し合っていきます。第1章の「未来志向の評価の質問」や第3章を参照してください。

　「本来ありたい自分」を発見してもらうために，さまざまなパターンの人生を検証する思考実験も役立ちます。ソクラテス的手法では

「検証できない人生は送る価値がない」というほどに，人生を検証するアプローチに重要な役割を見出しています。セラピストは，クライエントにさまざまな認知・行動のパターンをシミュレーションしてもらい，検証するよう促します。ある女性クライエントを例に挙げましょう。

彼女は，他の社員の見本になるほどの素晴らしい働きぶりでしたが，その一方で仕事に対して常に不満とストレスを抱えていました。対話のなかで，ストレスに感じる出来事には，ある典型的なテーマがあることを彼女は理解しました。それは，主に仕事仲間である同僚に対する嫉妬や恨み，裏切り，失望，葛藤などのネガティブな感情でした。彼女は，仕事において同僚との良好な人間関係を築くよりも自らの業績向上を優先し，熱心に仕事をしていました。そこでセラピストは，業績を重視する働き方の利点と欠点をシミュレーションし，検証するよう促しました。

〈職場のストレスによって適応障害となったクライエントとの対話〉

Cl. 私は何としても，今の仕事でよい業績を出さないといけない。そのためには，プライベートなんてないと思っている。睡眠時間が取れなくても仕方がない。毎日つらいけれども，それでもやらなきゃいけないのです。仕事は完璧でないと。それができない人たちにとても怒りを感じます。だから周囲の社員たちのミスをどうしても許せないと思い，いつもイライラしてしまう……。私の足を引っ張らないでほしい。こういうことで苦しむことがよくあります。

Th. なるほど。そのような状態が，あなたが典型的にストレスを感じるパターンなのですね。では，ちょっと思考実験をしてみませんか？ これからも業績を優先させるためにプライベートを犠牲にして，同僚に対しても完璧を求めるような働き方を続けた場合，あなたの人生はどのようになるでしょうか？ どのようなメリットとデメリットが考えられるでしょうか？

Cl. 今と同じような人生が続くと思います。メリットとしては，周りに

認められるかな。あと達成感がある。デメリットとしては，同僚に対して常にイライラしながら働かなくてはならない。これはつらいです。あと，睡眠時間やプライベートの時間がなくなってしまいます。周囲の人たちとの距離もどんどん離れていくでしょう。

Th. なるほど。では次は，業績を優先するのではなく，自分のプライベートや同僚との人間関係を優先しながら仕事をするとどうなるでしょう？

Cl. もしそのように働けるのなら，仕事も楽にできるかもしれません。プライベートの時間も増えるでしょう。趣味がもっとできる。他人にもっと甘くなれれば，ひょっとしたら，周りももっと私を慕ってくれるかもしれない。ただ，達成感を得ることは少なくなるのでは？自分が優位に立てなくなるかもしれない。自分が優位に立ちたいなんて，わがままみたいですけどね。

　このような話し合いを含めた数回のセッションによって，彼女はこれまで，職場の協力関係や友情といったことを無視していたことに気づきました。そして，自らの人生を満足させるために取り組むべきことは業績向上ではなく，同僚との人間関係，友情，思いやり，気遣いであることに，徐々に気づいていきました。

　以上のような自己理解は，介入を進めるうえでの必要条件です。まず適切な自己理解がないと，クライエントは次の自己変革に進めません。クライエントが自らの問題行動の理由や，本来ありたい自分について理解できれば，それに応じて自らを変革しようというモチベーションが湧いてきます。

2.3 ケースフォーミュレーションによって自己理解を深める

　ここまで，オーバーホルザーのソクラテス的手法に基づいて自己理解を促進させる手法について説明してきました。一方，認知療法では，自己理解を促進させる手法としてケースフォーミュレーションがあります。ケースフォーミュレーションとは，クライエントの

問題を持続・悪化させているメカニズムを把握するための図（チャート）を作ることです。ケースフォーミュレーションによって，クライエントの問題のパターンが明確になります。ケースフォーミュレーションを行なう際は，ソクラテス的手法と同様にクライエントの認知，感情，行動，動機，願望などあらゆる情報を収集します。認知療法ではクライエントのこれらの認知や反応が，どのように影響し合っているのかに焦点をあてて話し合います。

　ケースフォーミュレーションには，クライエントの診断名に対応した基本モデルとなるフォーマットがあります。しかし，クライエントの症状や背景にある要因はさまざまなため，基本モデルに当てはめつつも，クライエント独自のフォーミュレーションをオーダーメイドします。ケースフォーミュレーションは認知療法の「地図」になります。認知療法では，ケースフォーミュレーションを行ないながら，クライエントの問題を持続・悪化しているパターンを分析します。問題のパターンがわかると，おのずと解決策がみえてくることがあります。このとき第4章を必ず参照してください。

　さらに認知療法では，ケースフォーミュレーションで示された問題のパターンをもとに，どこをどのように変化させれば問題が解消されるのかを話し合います。ケースフォーミュレーションは，認知療法がこれからどのように進むのかを指し示す地図になります。認知療法で行なわれる介入のほとんどは，ケースフォーミュレーションに沿って行なわれます。図2は，完璧主義によってうつの悪循環が続いている事例に関して行なわれたケースフォーミュレーションの一例です。ケースフォーミュレーションにはさまざまな方法がありますが，パーソンズは完璧主義とうつについてのケースフォーミュレーションを詳しく説明しているため（パーソンズ，2008），本章でも援用しました。

　ケースフォーミュレーションを用いたアセスメントには，次のような利点があります。

- クライエントの問題を，一歩距離を置いて，客観的に眺められる。
- 問題のメカニズムを，クライエントとセラピストで共有できる。
- 「何が問題か」が浮き彫りになり，介入への道筋がみえてくる。
- 問題解決を目指しながら，この先の介入に取り組める。

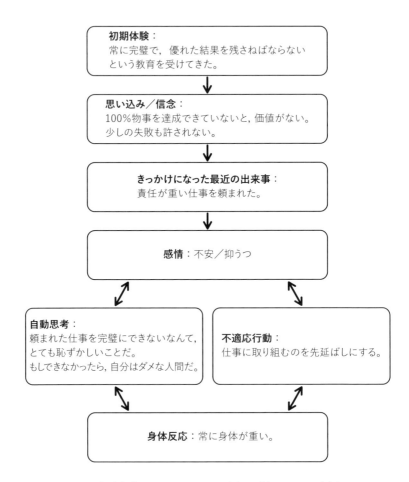

図2　完璧主義によってうつの悪循環が続いている事例の
ケースフォーミュレーション

3 自らを受け入れる──自己受容

　ここでは，ソクラテス的手法の「自己受容」だけでなく，クライエントの自己受容を促すアプローチのひとつとして認知療法のノーマライゼーションについても説明します。

3.1 自己受容は恥や罪悪感によって妨げられる

　クライエントが自らの悩みごとに関して恥や罪の意識を持っていると，自己受容は妨害されます。

　たとえば，ある男性クライエントにはうつ症状があり，そのために仕事を休みがちでした。彼はセラピストに「このうつの症状は，私の単なる甘えなのでしょうか？」と尋ねました。しかし，彼の話を聴いていくと，うつ病になった背景には，「仕事でミスをした自分を許してはならない」という自己批判的な信念があることがわかりました。「自らの失敗を許せない」という自己批判的な信念によって，自分を責め，うつ状態になってしまったのだということをセラピストと彼は話し合いました。このことから，彼がうつになった理由は甘えではなく，むしろ「自らの失敗を許せない，という自分に厳しすぎる信念」が根本にあることが発見されました。

　このようなやり取りによって，彼の恥の感覚が和らぎました。彼は，ミスをしてしまう自分を受け入れてみようと試みるようになりました。最終的に，彼は仕事の失敗に対して恥や罪悪感を強く感じることなく，気持ちを切り替えて，「仕事で失敗するのは誰にでもあることだし仕方ない。その失敗から何が学べるのかを考えて次に活かそう」と考えるようになりました。

　心理的介入を実践するうえで，クライエントの恥や罪悪感にアプローチすることはとくに重要です。クライエントが症状に対する恥や罪悪感を強く感じていると，自らの症状に対してオープンに話せなくなってしまい，安心してセッションに臨めなくなってしまいま

す。クライエントの多くは自らの症状について恥や罪悪感を抱いており、「こんなことを話すなんて恥ずかしい」、「周りに迷惑をかけて申し訳ない」、「自分は甘えている」といった考えを持っています。ソクラテス的手法に基づく介入では、そのような心境のクライエントを理解し、彼らが安心して症状を話せるような配慮が大切です。

クライエントの恥や罪悪感を和らげるための配慮として、認知療法ではノーマライジングという方法があります（石川、2017；丹野、2002）。ノーマライジングは第3章、第4章とも関連します。

〈ノーマライジングを使ったうつ病クライエントとの対話〉

Cl. 実はうつ病で会社を休職してしまいました。上司からパワハラのような仕打ちを受けた。毎日のように、営業車のなかで、2〜3時間説教をされていました。そのせいで、気持ちも萎縮してしまって、何も言えなくなってしまった。夜になっても眠れなくなってしまったので、ミスは増えるし、ミスをすればまた怒られるし……といった状況になり、仕事に行けなくなってしまいました。今は、ただ家でぼーっと休んでいるだけです。世間の人は働いているのに、自分は休んでいるなんて、とても罪悪感を持ってしまいます。

Th. お話から察すると、ものすごくつらい目に遭われたようですね。きっと誰でも、あなたのような体験をしたら、体調を崩してしまうでしょうし、休職になってしまうのも無理はないでしょう。

〈ノーマライジングを使った加害恐怖症クライエントとの対話〉

Cl. 車の運転をしていると、自分が反対車線に突っ込んでしまうことを考えてしまうんです。そんなことしたくないと思っても、反対車線にハンドルを切って、大事故を起こしてしまうことを考えてしまう。こんな自分はきっと頭がおかしい人間、よくニュースに出てくるようなサイコパスなんじゃないか。そう思うと、ますます恐ろしくなって車に乗らないようにしています。

Th. 考えたくない考えが、自分の意志に反して浮かんでしまうのは、と

てもつらいですよね。「こんなことを考えるなんて，自分はおかしい
のではないか」と思うのも無理はないでしょう。ただ，実は，自分
の意志に反して浮かぶそのような不快な考えを強迫症ではない人で
も持つことが多くの研究で明らかになってきました。たとえば，「自
分の意志に反して恐ろしいことを考えることがある」という人は健
常者の約50％にいます。さらに，「車を運転するとき，人に大怪我
をさせることを想像してしまう」という考えは，健常者の40％が体
験していると言われています。このような研究結果から考えれば，
あなたの考えはとりわけ変なものではありません。

3.2 人生は失敗と成功の混合物であることを受け入れる

　ソクラテス的手法における自己受容とは，自分の欠点を含めて現
実的な自分自身を受け入れることです。ソクラテス的手法では，ネ
ガティブな体験を抑え込むようなことはしません。それよりも，出
来事のよい面と悪い面の両方をありのままに認め，それらの体験か
らいかに学ぶかを話し合うことが大切です。それゆえソクラテス的
手法では，「人生は成功と失敗の混合物である」という考え方を推奨
しています。自分は優れた人間なのか，それとも劣っている人間か
というように両極端に考えるのではなく，「現実にはその両方の面を
持っている」という事実を受け入れるようにします。「自分には欠点
（短所）と長所の両方がある」という現実的な解釈は，感情的な安定
をもたらします。第3章も参照してください。

　物事を，成功か失敗か，よいか悪いか，という二択で判断してし
まう考え方の癖（バイアス）を二分法的思考とよびます。二分法的
思考は，うつや不安を悪化させてしまう認知的要因です。クライエ
ントが二分法的思考を強く持っている場合，「その考えによって，自
らを苦しめていないか」をよく話し合い，二分法的思考とは別の見
方（たとえば，中庸な見方）[注1] がないかを探します。

注1）クライエントに中庸な思考を発見してもらうためのテクニックとしてはリーヒィら
（2006）の実践本が参考になります。

〈人生を客観的に評価できないクライエントとの対話（オーバーホルザーの論文より）〉

　セラピストは，うつ病のクライエントにこれまでの成功体験を箇条書きにしたリストを書くように求めました。クライエントは実際にそれを書き，カウンセリングでは成功体験リストを用いてディスカッションしました。しかし，それでもクライエントは出来事のネガティブな面ばかりに着目して，「自分の人生は失敗だった」と考えてしまいます。

Th. あなたのリストには，客観的にみれば成功体験がたくさんありますね。にもかかわらず，なぜネガティブな点だけがみえてしまうのでしょう？

Cl. 確かに前は，私は小学校の教師で，生徒やその親ととてもよい関係を結んでいました。しかしその一方で，リストラが理由で解雇されたという辛い経験もあったからです。そのことがどうしても尾を引いてしまっている。

Th. つまり，あなたにとって「小学校の教師だった」という経験は，よかったことと，よくなかったことの両方が混在していることでしょうか？

Cl. そうですね……。

Th. 他の体験はどうでしょうか？　あなたの家族との関係とかは？

Cl. 家族との関係でもそうです。確かに私は，今は，客観的にみれば両親とそれなりによい関係は築けているのかもしれません。ただ過去を振り返れば，どうしても父から厳しく言われたことが頭に残っているのです。

Th. もしかしたら，あなたの体験のほとんどが，成功と失敗が混在している？

Cl. そうですね。

Th. つまりあなたの体験は，「成功」か「失敗」かの二択では解釈できないということでしょうか？　なぜなら，すべての体験は両方の要素

を持っているからです。

Cl. そうですね……。一概に言えないものなのでしょう。

Th. なるほど。一概に「自分の人生は成功だった」と言えないように，同じく一概に「自分の人生は失敗だった」という評価はなかなか難しいのでは？　だって，あなたの人生の体験の多くは，成功と失敗の両方の要素がある。

Cl. 本当はそうなのだと思います。調子が悪いとどうしても，「自分の人生は失敗だ」と考えがちになってしまうのは，悪い癖なのだと思います。

　このようなやり取りによってこのクライエントは，人生の体験とは成功と失敗の混合物であることに気づき始めました。そして，よい面と悪い面の両方を受け止めて，そこから何を学べるかについて考えるようになりました。

4 自らを導く──自己調整

　自己調整とは，自らが望む人生へと自らを導く能力を指します。オーバーホルザーによれば，ソクラテス手法における自己調整とは，自分の精神と欲求をコントロールする能力のことです。自己調整力が高ければ衝動をコントロールできて，それによる不適切な行動を減らすことができます。そのため，クライエントの欲求を「ただちに」に満足させないことが自己調整力を高め，衝動的に行動しないために重要です。自己調整において大切なのは，即時的な満足や安心を求めるのではなく，長期的な満足や安心を求めるほうへ自らをコントロールすることです。なぜなら，即時的な満足を求めたり一時しのぎのために苦痛を避けたりする行動を繰り返すことによって，自己調整は妨害されてしまうからです。

　衝動や欲求が高まったときに，クライエントはそれが解消されな

いことへの苦痛を感じ，即時的な満足や安心が得られる行動を衝動的に起こしてしまいます。衝動に身を任せて行動すれば，そのときの満足や安心を得ることはできますが，その一方で，代償として自己調整の機能を失ってしまいます。

　たとえば，ギャンブルにはまっている男性クライエントを考えてみましょう。彼は「孤独でいることの苦痛を解消したい。経済的な心配をただちに解決したい」という理由から，即時的な解決手段としてギャンブルにのめりこんでいました。しかし結局のところ，ギャンブルは一時しのぎでしかなく，「孤独でいることの苦痛を解消したい。経済的な心配をただちに解決したい」という問題は解決しません。さらに，「ギャンブルをすれば，苦痛から（そのときは）逃げられる」という経験を覚えてしまい，ますますギャンブルへの衝動を抑えられなくなってしまいます。

　このような観点から，ソクラテス的手法では，即時的な満足や安心を求めるのは適応的ではないと考えます。ソクラテス的手法では即時的な満足ではなく，長期的な人生目標に注目させる話し合いを行なうことで，クライエントの自己調整力を高めます。長期的な目標を優先する決断ができれば，クライエントは即時的な満足を得ようとする衝動をコントロールできるようになります。クライエントにとって最大の利益は，短期的な喜びを退けたときに得られるものです。したがってソクラテス的手法では，「長期的な満足主義」というものを推奨しています。これはすなわち，クライエントが長期間にわたってウェルビーイングを増強させる行動をとり続けることを意味します。

4.1 問題行動のパターンを理解する

　自己理解と同じように，自己調整を促進するためには，問題行動が生起するパターンを明確にすることが大切です。「どのような状況で問題行動が起こってしまうのか」，「その問題行動を実行すると最終的にどのようなデメリットが生じるのか」を話し合い，問題行動

第5章　自分らしくあることを支援しよう！　135

のパターンをセラピストとクライエントが明確に共有します。そうすることで、問題行動のトリガーとなる状況を変える環境調整ができます。クライエントが自らのパターンを鮮明に記憶できれば、問題行動が起こりそうなときに「気をつけよう」、「ここで衝動的に行動してしまうと結局自分が損するだけだ」と自問自答できるようになり、自己調整が成功しやすくなります。

　不安や衝動が高まったときに、それを中和させる行為は一時的には有効ですが、長期的には症状の悪化を招く悪循環を生み出すことが広く知られています。このような行動を「安全希求行動（または安全行動）」とよびます。

　安全希求行動の例として次のようなものがあります。強迫症では過剰な確認や洗浄行為などの強迫行為が安全希求行動にあたります。パニック症では、電車のなかでパニック発作が起きてもすぐに逃げられるよう、できるだけドアの近くに立ちます。社交不安症では、自分が緊張している姿を他者に気づかれまいとして、手の震えを隠しながら発表したり、顔を上げずに発表したりするでしょう。

　安全希求行動は、とくに不安症、強迫症、摂食障害、依存症を持続・悪化させる要因だと考えられています。それぞれ安全希求行動は微妙に異なりますが、ここでは強迫症を例にして、安全希求行動の悪循環を説明します。

　強迫症では、強迫観念によって生じた不安を減らすための安全希求行動、つまり強迫行為が生じます。強迫行為によって一時的には安心できるため、強迫行為が不安軽減のための有効な対処法だと考えてしまいます。しかし重要なのは、長期的にみた場合はどうなるかです。強迫行為は徐々に悪化して、日常生活に支障が出るようになり、苦痛が強くなります。安全希求行動による悪循環をクライエントに説明するためには、メタファー（たとえ話）を用いた心理教育が役に立ちます（石川，2017）。第2章3「似たものから考えてみよう」も参照してください。

〈メタファーを使ったセラピストからの説明の例（強迫の理解と対処について）〉

Th. これはたとえ話ですが，強迫が長引いてしまうメカニズムは，いじめが長引いてしまうメカニズムと似ています。たとえば，「金を出せ。さもないと痛い目に遭わせるぞ！」といじめっ子がいじめられっ子を脅します。いじめられっ子は恐ろしくなり，お金を出してしまいます。実際にお金を出せば，いじめっ子はいなくなり，いじめられっ子は，「あーよかった。お金を出したから助かったのだ」と思うでしょう。しかし，これでいじめは終わるでしょうか？　いいえ，違います。しばらくしたら，またいじめっ子がやって来て「金を出せ」と脅してきます。お金を出し続けることでは，いじめは解決しません。お金を出すという行為は一時的な解決策になるかもしれませんが，いつの間にか，いじめを長引かせる原因になってしまいます。

　強迫もこれと似ています。強迫観念が，強迫症の人に「強迫行為をしろ。さもないとお前のせいで，恐ろしいトラブルが起こるぞ！」と脅してきます。そのような考えが浮かぶと，強迫症の人は恐ろしくなり強迫行為をします。強迫行為をすれば強迫観念はいなくなってくれるので，その人は安心するでしょう。しかし，しばらくしたら，また強迫観念がやって来て，「強迫行為をしろ」と脅してきます。強迫症の人は，「この前のように強迫行為をすれば安心できるはずだ」と思い，強迫観念に従って強迫行為をしてしまいます。強迫行為は一時的な解決策になりますが，これで強迫は解決するでしょうか？　もちろんしません。また強迫観念がやってきて，同じことが繰り返されてしまいます。

　いじめと強迫観念は，どちらも脅しに従って行動すると一時しのぎの解決策になるかもしれませんが，それを続けると，その解決策はいつの間にか問題を長引かせてしまう原因に変わってしまうという点が共通しています。両方とも，根本的に解決するためには，脅されても従わないことが大切なのです。

4.2 長期的な目標に注目する

　多くのクライエントは快−不快に基づいて自分の行動を選択しています。しかし，即時的な利益を求める行動は，害を生むことがあります。たとえば，過食をすれば比較的短時間で快楽を得ることができます。しかし，その先には後悔と自己嫌悪が待ち受けています。快楽が目前にあると，人は後々の後悔を忘れ，快楽を得るための行動に没頭することがあります。欲求がすぐに満たされる行動は非常に魅力的に感じられるため，まだしていない後悔が予想される苦痛を上回り，クライエントはそれに従って行動してしまいます。

　効果的な自己調整とは，クライエントが即時的な喜びから長期的な目標に認知的シフトチェンジを起こすことです。そのためには，クライエントに今から10年後の姿を想像してもらうことが有効です。

　また，「一時的な利益を求めて後悔するような人生をあなたは本当に望んでいるのですか？　それとも別の人生を望んでいるのですか？」という話し合いを行ない，「本来ありたい自分」を思い起こさせるのも有効です。長期的目標や本来ありたい自分が明確になれば，セラピストもその目標に沿ってクライエントを支援できるようになります。ここで第1章の「未来志向の評価の質問」が大切になります。

〈ギャンブル依存のクライエントとの対話〉

Cl. 仕事が早く終わった日とか，すぐに家に帰ればいいのでしょうけど，早く終わったのが嬉しくて，何かしようと思ってしまう。それで，何かしようと思うと，ついパチンコに行ってしまうのです。

Th. あなたは何が得られると思って，パチンコに行くのでしょうか？

Cl. お金を増やしたい，増やせるかもしれないからです。あと，パチンコをやっているときは楽しめるからです。

Th. パチンコは楽しいし，お金も増やせるかもしれないという期待も得られる。だからパチンコに行くということでしょうか？

Cl. そうです。

Th. なるほど。ではパチンコに行くことで，そういったメリットを得られるのでしょう。そういったメリットを得るためにパチンコに行く。そして，パチンコに行った後はどうなるのでしょうか？ 本当に期待していたとおりのメリットを得られますか？

Cl. 結局負けてしまう……。それで，その後は，どう家族に言い訳しようとひたすら考えたり，実際に家族にウソをついてごまかしたりして，罪悪感です。あと，家族にバレたらどうしようと，ひどく不安にもなる。

Th. それはつらいでしょう。では，私の理解したことをまとめても宜しいでしょか？ パチンコに行くという行為は，お金を増やせるし楽しいという快楽を得ることができる。しかしそれは一時的なもので，結局最終的には負けてしまい，お金は減ってしまう。さらに家族にウソをつかなきゃいけなくなり，そのことに罪悪感を抱き，自己嫌悪に陥る。さらに，家族にバレたらどうしようと不安になるといった結末になってしまう，ということでしょうか？

Cl. そうですね。

Th. では，パチンコに行くという行為はあなたにとって一時的な快楽になるかもしれませんが，ちょっと長い目でみればむしろ最悪な事態を招いてしまう行為ということではないでしょうか？

Cl. その通りです。そのように，長い目でみる視点が足りないのだと思います。

Th. では，長い目でみて考えてみましょう。仕事が早く終わった日は，どうしたらいいでしょう？

Cl. 少なくともパチンコだけは行かないほうがいい。

Th. 長い目でみれば，それが一番楽になるのではないですか？

4.3 自問自答できるようになる

　　自己調整力を高めるために，ソクラテス手法ではクライエントが「自問自答」できるようになることが重要です。

　　たとえば，過剰な洗浄行為で苦しんでいる強迫症のクライエント

を考えてみましょう。彼は心理面接によって，特定の物を触った後に過剰な洗浄行為をしてしまい，そのせいで洗浄強迫が長期化しているというパターンに気づきました。そのようなパターンに気づいてから，洗浄行為をしたいという気持ちが衝動的に生じても，「本当に手を洗う必要があるのか？」，「手を洗えば一時的には楽になるかもしれないが，強迫が長引いて余計につらくなってしまうぞ」と自分に言い聞かせ，自己調整することができました。彼は自問自答することによって，不適応的行動の背景にある衝動を撃退する術を身につけました。

〈ギャンブル依存のクライエントとの対話〉

Th. あなたは，本当はどんな人生を望んでいるのでしょうか。人生という長い目線で考えてみませんか？（長期的目標の提案）

Cl. 漠然としていますが，まずは家族との安定した生活が一番です。あと，今のようなパチンコ依存がなくなることですね。

Th. 家族との生活と，パチンコへの依存がなくなることがあなたの人生目標なわけですね。では，パチンコに行きたいと思ったとき，実際にパチンコに行ってしまうと，あなたの人生目標ってどうなってしまうのでしょうか？

Cl. すべてなくなってしまうでしょう。

Th. ですよね。パチンコに行くという決断は，あなたの人生目標から遠ざかってしまう。パチンコに行けば，一時的な快楽が得られるかもしれない。ただ逆に大きなデメリットとして，あなたの人生目標から遠ざかってしまう。

Cl. そうなのです。そう思えればいいんですが……。

Th. 自問自答してみるのはどうでしょうか？　今度仕事が早く終わったときに，自分とよく話し合ってみる。「私の人生目標は何だっけ？　ここでパチンコに行くと一時的な快楽を得られるが，最終的には何を失ってしまうのだろうか？」といったように。

Cl. やってみます。

「短期的な安心を求めてしまう行為は，問題を悪化させてしまう」
ということをクライエントに伝えるときには配慮が必要です。安全
希求行動が止められないことで苦しむクライエントの多くは，「自分
はすぐに快楽や安心を得ようとしてしまう未熟な人間だ」という強
い自己嫌悪を感じています。彼らに「すぐに楽をしようとするあな
たの行動がいけない」というメッセージを伝えてしまうと，クライ
エントはショックを受け，さらに自己嫌悪が強くなります。たとえ
ば強迫症の人は，快楽を求めて強迫行為をしているのではありませ
ん。彼らは「強迫行為なんてしたくもない」と考えているのですが，
自分や家族の身を守るために仕方なく，嫌々強迫行為をしているの
です。これは，たとえば「物質依存の自己治療仮説」と同じような
メカニズムでしょう（カンツィアン＆アルバニーズ，2013）。この
ように，「わかってはいるが，なかなか止められない」という苦しみ
に共感的理解を示しながら，行動を変える解決策を話し合いましょ
う。

5 まとめ

認知療法の目標は，クライエントが自ら自分の認知・行動を変化
させられるよう援助することです。そのためには，クライエントの
自己変革が重要となります。自己変革は，クライエントが自己理解，
自己受容，自己調整の3つを経験することで達成されます（図1参
照）。

文献

エドワード・J・カンツィアン，マーク・J・アルバニーズ［松本俊彦 訳］（2013）人はなぜ依存
症になるのか——自己治療としてのアディクション．星和書店.

石川亮太郎（2017）強迫症に対する認知療法——その方法と効果．精神科治療学 32-4；
485-489.

Persons JB（2008）The Case Formulation Approach to Cognitive Behavioral Therapy : Guidelines to Individualized Evidence-Based Treatment. New York : Guilford.

ロバート・L・リーヒイ［伊藤絵美，佐藤美奈子 訳］（2006）認知療法全技法ガイド——対話とツールによる臨床実践のために．星和書店．

丹野義彦 監修（2002）認知行動療法の臨床ワークショップ——サルコフスキスとバーチウッドの面接技法．金子書房．

第2部

短期認知療法適合性尺度の活用

はじめに

　ここでは，ジェレミー・D・サフランとジンデル・V・シーガルによる"Interpersonal Process in Cognitive Therapy"（「認知療法における対人プロセス」）という著作に含まれている次の論文を簡単に紹介することで第2部への導入とします。

著者：Safran JD, Segal ZV, Shaw BF & Vallis TM
論文タイトル：Patient Selection for Short-Term Cognitive Therapy.
（「短期認知療法のための患者抽出」）

　認知療法が短期間で実施される場合，クライエントは終結が間もなくだと考えると，分離や独立の問題に関連した心配が増えるかもしれません。セラピストとの関係に明確な期限があれば，セラピストを信頼したり頼ったりすることに不安が生じるのは当然のことです。セラピストは，偏見を持たず，クライエントに生じていることに対して率直でありながら，制限時間内でのケースフォーミュレーションと，治療の明確な焦点化を行なわなければなりません。
　一方，認知療法が短期間に設定されていると，「限られた時間で何かを成し遂げなければならない」という切迫感をセラピストが感じるかもしれません。クライエントの要求を満たすためには，クライエントを強制したり操作したりしなければならないと感じてしまうかもしれません。
　このように，短期認知療法の構造には特殊な条件が存在するため，

クライエントがこのアプローチに適合するかどうかを介入の早期に
評価する方法が必要だと考えられます。そのためにサフランらは，
認知療法以外の心理介入法の臨床研究も参考にして「短期認知療法
適合性尺度（Suitability for Short-Term Cognitive Therapy Rating Scale
：SSCR）」を開発しました。SSCRは10項目からなる客観的評価尺
度です。つまり，面接で聴取した内容によってセラピストがクライ
エントを評価する方法です。

　評価項目は次の10個です。

1. 自動思考のとらえやすさ
2. 感情の自覚と弁別
3. 自己責任の承諾
4. 認知理論への理解
5. 治療同盟への潜在力（セッション内）
6. 治療同盟への潜在力（セッション外）
7. 問題の慢性度
8. 防衛的操作の程度
9. 焦点性
10. 治療に対する楽観主義・悲観主義

　SSCRではすべての項目が0点から5点の6件法で評価されます。
5点が短期認知療法へ高い適合性があるという評価になり，1点はそ
の逆で，0点は情報不足などの理由で評価不能であることを表しま
す。面接には1時間程度を要します。ていねいなマニュアルが備わっ
ており，評価するための解説（アンカーポイント）も設定されてい
ます。ただし，「この点数以上は適合性が高いとはっきり言える」と
いう意味のカットオフポイントが設定されていないため，「得点が高
ければ高いほど短期認知療法への適合性が高い」としか言えません。
　以下，各項目の評価に必要な具体的な質問の例を簡単に解説しま
す。本書におけるこの後の詳しい解説は，この項目順に行なわれま

す。

1. 自動思考のとらえやすさ

クライエントが問題となる状況を特定できる場合は，セラピストはその状況におけるクライエントの自動思考を探ります。質問の具体例として，「その状況で何を考えましたか？」や「頭のなかで何が起こっていたか思い出せますか？」などがマニュアルには挙げられています。

2. 感情の自覚と弁別

クライエントが特定の状況を説明することができたら，そのときに生じた感情に気づき，名前をつけ，感情の変化にも気づくことができるかどうか調べます。マニュアルには質問の具体例として次のものが挙げられています。

「その状況で何を感じていたかを覚えていますか？」
「その感じはどのようなものでしたか？」
「それは普段あなたが感じるものとは違いましたか？」
「その感覚はどのくらい強かったですか？」
「その状況について考えたりイメージしたりすると，そのときの感覚を思い出せますか？」
「もしそれができるなら，今どのように感じますか？」

3. 自己責任の承諾

4. 認知理論への理解

ここでは，心理療法，とくに認知療法に対するクライエントの理解と期待について質問します。たとえば，「認知療法があなたの問題に対してどのような効果があるかわかりますか？」という質問です。もし，クライエントが認知療法の理論について正しい予備知識があれば，「ご理解されていることは，認知理論に沿ったものだと思いま

すか？」や「何かわからないこと，困ったことはありませんか？」
と質問します。

　これらの基本的な質問に加えて，「治療において治療者が担う役割
はどのようなものだと思いますか？」，「治療においてクライエント
が担う役割はどのようなものだと思いますか？」などと質問します。
他にも，「問題の原因は何だと思いますか？」という原因帰属を尋ね
る質問もマニュアルには挙げられています。

5. 治療同盟への潜在力（セッション内での証拠）

　治療関係についてのクライエントの理解を確認する基本的な質問，
「面接で起こっていることについてどう思いますか？」，「今日の面接
をどのように感じましたか？」などと質問して評価します。

6. 治療同盟への潜在力（セッション外での証拠）

　この項目の評価では，過去や現在の親しい人との関係についての
質問が大切だと言われています。クライエントが両親のことをどう
考え，彼らとの関係がうまくいっているか，きょうだいとの関係は
どうか，学校での友人関係はどうか，などです。「過去に信頼できる
人と親しい関係を持ったことがありますか？」，「現在，信頼できる
人はいますか？」なども尋ねます。こうした情報は，信頼感と不信
感の程度を評価し，クライエントが短期認知療法に必要な信頼関係
を構築できる力があるかどうかを評価するために有効です。過去の
治療関係，つまり，どこかで精神科的治療や心理的介入を受けたこ
とがあるかどうか，また，そのときの精神科医やセラピストとの関
係も尋ねるべきでしょう。

7. 問題の慢性度

　発症時の状況，生育歴，現在の問題の経緯などに関する質問を行
なって評価します。

8. 防衛的操作の程度

　　マニュアルには，短期認知療法への潜在的な障害となりうる次の
ような例が挙げられています。これらの存在や，その強さを評価し
ます。

- 面接を操作しようとする。
- 話を深めることを困難にする無関係な話，あるいは回りくどい話を
  する。
- 話題を頻繁に変える。
- 面接中に過度に取り乱す。
- 不安に関連しない話題にこだわる。
- 過剰に論理的に問題を扱おうとする。
- 自分の弱さや失敗の原因を他者に帰属する。

9. 焦点性

　　焦点性とは，認知療法の基本的姿勢のひとつである「問題解決志
向」に関するクライエントの能力を意味します。この能力は，クラ
イエントが目の前の状況から他の出来事に逃げ込まず，その状況を
セラピストとともに深く探求する力です。この項目は，問題が細分
化され，問題を深く探求しなければならない面接に対して，クライ
エントがどれだけ不快を感じないかで評価されます。

　　焦点性が低いと評価される行動としてマニュアルには次のものが
挙げられています。

- すべてのことを一度にやろうとする。
- 治療者が1つの問題に焦点を絞ろうとしても複数の問題にとりかか
  ろうとする。
- 他の状況からの無関係な情報を持ち出さないと興味の対象を絞れな
  い。

10. 治療に対する楽観主義・悲観主義

　　この項目を評価する際に，セラピストはクライエントに対する全般的な印象に頼らねばならないかもしれません。なぜなら，この件に関して必要な情報がクライエントから直接引き出される可能性は少なく，面接全体に広がっているからです。「一般的な意味で，クライエントは治療からどの程度の恩恵を受けると感じているか？」を検討することになるかもしれません。

＊

　　さて，認知療法一般に対してどのような人が向くのかを調べる質問紙が最近開発されたため，参考までに紹介します。オーストラリアのローレン・F・マクレランら（2016）は，認知療法が有効な人を抽出するための自記式質問紙「CBT-SUITS」を開発しました。SSCRはCBT-SUITSの開発過程でも参考にされています。

　　項目は次のようになっています。回答はすべて，「ぜんぜんちがう（1点）」から「まったくそのとおりだ（5点）」の5件法です。

1. 考え方を変えれば，気分は変わるだろう。
2. 考え方を変えれば，行動は変わるだろう。
3. 私は自分の気分を言葉にかえられる。
4. 私は，自分の今の気分がはっきりわかる。
5. 私は自分の考えを言葉にかえられる。
6. 私は，困難な出来事を直視して立ち向かうことができる。
7. 出来事に対する考え方を変えれば，その出来事に対する気分を変えることができる。
8. あることに対する私の考え方は，それについて私が行なうことに影響を与える。
9. 私は，私の感情を区別することができる。
10. ある状況についての私の考え方を変えれば，その状況での私のふるまいを変えることができる。

11. 出来事が私にとってよかろうと悪かろうと，何かを学ぶことができるチャンスだと思う。
12. 私は，自分の行動から学ぶことができる。
13. 新たに起こった出来事を私が処理することが難しいとしても，それは出来事がよりよい方向に変わることを意味する。
（注：この日本語訳は尺度としての信頼性と妥当性が確認されていないため，このままお使いにはなれません。参考にとどめてください。）

　　CBT-SUITSの各項目は，因子分析では次の3つに分かれるようです。

第一因子：CBT理論への理解（項目1，2，7，8，10）
第二因子：内省（項目3，4，5，9）
第三因子：行動（項目6，11，12，13）

　　統計的な分析結果とは別に，この尺度の要点をまとめると，次のようになると考えられます。

- クライエントが，気分や行動に対する認知の重要性に気づいているか。
- クライエントに認知，行動，気分に関する言語化能力があるか。
- クライエントの認知療法に対するモチベーションが高いか。

　　CBT-SUITSは自記式質問紙のため，項目の文章表現や調べることができる範囲に限界がありますが，クライエントには待合時間などに記入してもらえるため使い勝手はよいでしょう。また，認知療法全般に使用でき，介入の途中でも確認のために手軽に使用できるという利点があります。しかし，SSCRのほうが短期認知療法にとって必要な項目を幅広く調べることができるため，日本の現状には合っているかもしれません。

文献

McLellan LF, Peters L & Rapee RM (2016) Measuring suitability for cognitive behavior therapy : A self-report measure. Cognitive Therapy and Research 40 ; 687-704.

Safran JD & Segal ZV (1990a) Suitability for short-term cognitive therapy interview appendix 1. In : Interpersonal Process in Cognitive Therapy. New York : Basic Books, pp.251-256.

Safran JD & Segal ZV (1990b) Suitability for short-term cognitive therapy rating scales appendix 2. In : Interpersonal Process in Cognitive Therapy. New York : Basic Books, pp.257-264.

Safran JD & Segal ZV (1990c) Suitability for short-term cognitive therapy rating form appendix 3. In : Interpersonal Process in Cognitive Therapy. New York : Basic Books, pp.265-266.

Safran JD, Segal ZV, Shaw BF & Vallis TM (1990) Patient selection for short-term cognitive therapy. In : JD Safran & ZV Segal : Interpersonal Process in Cognitive Therapy. New York : Basic Books, pp.226-238.

第1章

自動思考の
とらえやすさ

1 はじめに

　自動思考とは，何かの出来事がきっかけとなって頭のなかに自動的に湧き出る考えやイメージのことです。たとえば，知り合いが挨拶もせずに自分の横を通り過ぎたその瞬間に，「無視された」と考えたり，何らかの冷たいイメージが生じたりするかもしれません。これが自動思考です。その結果，人は腹が立ったり，悲しくなったりするのだと認知療法では考えます。

　意識的な思考とは異なり，自動思考は自分でコントロールできません。また，非常に速く頭のなかを駆け抜けるため，たいていの人は自動思考を認識できません（ベック，1990）。しかし，認知療法の理論に基づく練習を重ねれば，ほとんどの人は自動思考を認識できるようになります。

　自動思考のとらえやすさは以下のような基準で評価しています。

〈点数とアンカーポイント〉

0：評価できない。あるいは情報が不十分。

1：クライエントは，自動思考をまったくとらえることができない。

2：クライエントは，1つか2つの自動思考をとらえることができる。

3：クライエントは，いくつかの自動思考をとらえることができる。

4：クライエントは，かなり多くの重要な自動思考をとらえることがで

きる。

5：クライエントは，核心的な自動思考を自発的にとらえることができる。

2 この項目がなぜ重要なのか

　自動思考は感情や身体に直接影響を及ぼすため，認知療法の介入対象として重要だと考えられています。右の図1のように，ベックの「うつ病の認知の歪み理論」では，抑うつ症状を直接的に引き起こす認知は自動思考です。1つの出来事に対して複数の自動思考が生じることもありますし，その内容にはポジティブなものもネガティブなものもありますが，介入対象となるのは主にネガティブなものです。それが抑うつ気分や不安と強く結びついているからです。ただし，自己破壊的なポジティブな自動思考もないわけではありません。たとえば，飲酒を控えなければならない人は，酒を見て「ちょっとだったら害はない。いい気持ちになるだろう。飲んでもいい」という自動思考が生じるかもしれません（ニーナン＆ドライデン，2010）。

　自動思考をコントロールできないとしても，その背後にある偏った推論や抑うつスキーマを修正することで抑うつ症状を改善させる可能性が高まります。したがって認知療法では，その後の介入のためにも，自分の自動思考を正しく認識できることがまず重要だと考えられています。

　2点以上のアンカーポイントのように，認知療法による介入前から自動思考を認識できるクライエントもいますが，一般にはなかなか難しいでしょう。認知療法では，できるだけ早く自動思考を認識できるように練習しますが，それに時間がかかる場合は短期ではない認知療法を計画したほうがよいと考えられます。

　自動思考を認識してもらうためには直接的で具体的な質問がもっ

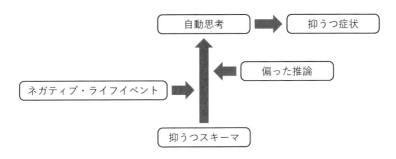

図1　ベックの「うつ病の認知の歪み理論」

とも確実です。たとえば,「重要なプロジェクトを引き継げと上司があなたに言ってきたとき,何を考えたからイライラしたのでしょうか?」というような質問です(ニーナン&ドライデン,2010)。

3 この項目の点数が高い人

　たいていの人は自動思考に注意を向けていないことから,認識できるための練習が必要になりますが,認知療法による介入前から自動思考を認識していたり,比較的早く認識できたりする人もいます。その理由はいろいろありますが,概して「自分をモニタリングする力が高い人」だと言えそうです。そういう人は,セラピストが質問する前から「失敗すると『自分はダメな人間だ』と考え続けてしまいます」と自発的に語ったり,「そのときはどんなことを考えていたのですか?」とセラピストが尋ねるとすぐに適切な反応が返ってきたりします。こういう人は次のステップに進むことも容易なため,短期の認知療法に向くと考えられます。

4 この項目の点数が低い人

4.1 相手や状況のことばかり話し続ける人

　先述のような直接的で具体的な質問をセラピストが投げかけても，自分の心理や身体の状態に注意を向けない人は質問になかなか答えられず，この項目の点数は低くなります。

　そういう人のなかに，トラブルの相手のことや状況ばかりを話題に挙げる人がいます。たとえば，夫に対する不満が煮えたぎっているというある女性クライエントは，「あの人は私の話をさえぎって，自分の勝手な用件ばかりを言いつけてくるんです」という言葉から始まり，夫のことばかり語り続けました。セラピストは，ここで扱う対象は自分自身であることを改めて伝えて，「ご主人に話をさえぎられて勝手な用件を言われたとき，あなたは何を考えましたか？」と自分自身と自動思考に焦点をあてる質問を返しました。

　自分に注意が向かないのは，単に興奮しているためとか，認知療法に関する心理教育を適切に受けていないとかという理由も考えられるため，その人が本当に自動思考をとらえにくいのかどうかについては，セラピストも冷静にアセスメントしなければなりません。

4.2 質問を繰り返してなかなか本題に入らない人

　自分自身に注意を向けない人のなかには，介入方法や予後などについて質問を繰り返し，なかなか本題に入らない人もいます。こういう人は，概して心的防衛が強いと考えられます。たとえば，認知療法を始める決心がなかなかつかないクライエントがいました。そのクライエントがあるとき，「ようやく自分に向き合う決心がつきました」と言ったため，セラピストは認知療法を始める準備を進めようとしました。しかし，その後30分ほど介入方法についての些細な質問を繰り返して，結局「自分と向き合う」ことはできませんでした。このようなクライエントは，第8章「防衛的操作の程度」が強

いと考えられます。抽象的な話を続けて，いつまでたっても具体的な問題や状況を語らない人もいます。これもまた防衛的操作の強さを表しているかもしれません。

こうしたクライエントには，適切な心理教育を行なったり，どの心理的介入法を選択するかについて話し合ったりするために時間を割く必要があります。また，過去の体験から受けたショックが強すぎるのかもしれません。認知療法による介入を行なうとしても長期になることが予測できます。

4.3 自動思考が世界観の一部になってしまっている人

自動思考が自己観や世界観の一部になってしまっていると，つまり，スキーマと自動思考が一体化していると，自動思考にまったく気づかないことがあります。こういう人は最初のアセスメントで点数が低くなるかもしれませんが，自動思考に気づいてもらうために次のような質問をします。たとえば，「列の最後尾に並ぶのはいつものことなんです。それが私のやり方なんです」とクライエントが言ったとすると，「では，いつもと違って，最前列に並んだところを想像してみてください。想像したら，どんな考えが浮かびましたか？」と質問してみます。すると，このクライエントは「最前列に並ぶなんてわがままだ。そんな身の程知らずのことはできない。私は最前列に並ぶには値しない」と答えました。これがこのクライエントの自動思考なのです（ニーナン＆ドライデン，2010）。

文献

アーロン・T・ベック［大野裕 訳］（1990）認知療法―精神療法の新しい発展．岩崎学術出版社.

マイケル・ニーナン，ウィンディ・ドライデン［石垣琢麿，丹野義彦 監訳，東京駒場CBT研究会 訳］（2010）認知行動療法100のポイント．金剛出版.

第2章
感情の自覚と弁別

1 はじめに

　この項目では，クライエントが問題状況で生じた感情を自覚し，名前をつけ，感情の変化にも気づくことができるかどうかを調べます。「感情に気づくかどうかは，少なくとも『苦しい』という感情を自覚しているから来談するのではないか？」と疑問に思われるかもしれませんが，クライエントのなかにはさまざまな理由から感情やその変化に気づくことが難しい人もいます。また，自分の感情を詳しく分析できず，「なんとなくつらい」という表現しかできない人もいます。こうした感情を自覚し弁別する（区別する）能力は，次のような質問によって明らかになります。

「その状況で何を感じていたかを覚えていますか？」
「その感じはどのようなものでしたか？」
「それは普段あなたが感じるものとは違いましたか？」
「その感覚はどのくらい強かったですか？」
「その状況について考えたりイメージしたりすると，そのときの感覚を思い出せますか？」
「もしそれができるなら，今どのように感じますか？」

　また，以下のような基準で評価できます。

〈点数とアンカーポイント〉

0：評価できない。あるいは情報が不十分。

1：クライエントは，セッション以外の場面で生じる感情の質や強さの変化にまったく気づくことができず，セッション中も感情の変化を言葉で表現できない。クライエントは感情体験から完全に切り離されている。

2：クライエントは，セッション以外の場面で生じる感情の質と強さの変化に気づくことがかなり難しい。

3：クライエントは，セッション以外の場面で生じる感情の質と強さの変化にいくぶん気づくことができ，セッション中も感情体験を持つことが，ある程度できる。

4：クライエントは，セッション中でもそれ以外の場面でも，感情の質と強さの変化に気づくことができ，実際に体験することができる。また，さらなる自己探求のための手段として感情を用いることができる。

5：クライエントは，セッション中でもそれ以外の場面でも，感情体験に名前をつけ，弁別することがきわめてうまく，セッション中の体験を感情に沿って処理できる。また，さらなる自己探求のための手段としてセッション中の感情を十分利用することができる。

2 この項目がなぜ重要なのか

　認知療法は認知と行動に焦点をあててクライエントの治療目標を達成する介入方法ですが，感情を扱わないわけでなく，かえって感情を大切に扱うことから介入が始まります。クライエントは「何を考えているか」ではなく「どう感じているか」を訴えたいために来談するのですから，感情を無視することはできません。また，認知療法では認知と感情が常に関連し合っていると考えるため，感情を正しく分析できないということは認知も分析できないことになります。

先の質問のなかで，最後の2つ（「その状況について考えたりイメージしたりすると，そのときの感覚を思い出せますか？」，「もしそれができるなら，今どのように感じますか？」）からは，過去の感情を弁別する能力だけでなく，過去の感情を再体験する力も知ることができます。とくに感情を再体験できる力は，感情と強く結びついている認知，つまり「ホットな認知」に認知療法で接近するために大変有用です。認知再構成法を行なう際にも，この「ホットな認知」や感情に触れないわけにはいきません。

　クライエントに過去の感情体験を想起してもらうことに加えて，介入中の感情の変化に関する非言語的サインに注意を配ることもセラピストにとって大切です。たとえば，面接中にクライエントが急に緊張し始めたことに気づいたら，「あなたは今何を体験しているのですか？」と尋ねます。こうした質問は，そのときまさに生じている感情の変動を認識して報告するというクライエントの能力を開発する練習にもなります。

3 この項目の点数が高い人

　普段から感情体験が豊かな人はこの項目の点数が高いかもしれません。また，素直に自らの感情をとらえて表現することができる人も点数が高いでしょう。自らの感情を自覚してその分類を適切にできるかどうかは，遭遇した不幸な出来事や抱えている問題の質や量にも関係しますが，感情に関する子どもの頃からの体験も大きな影響を与えると思われます。

4 この項目の点数が低い人

4.1 防衛が強い

　状況やそのときの感情について詳細に語れないクライエントのなかには，表情を動かさず，淡々と出来事の概略だけを話す人がいます。たいていの場合，出来事から受けた彼らのショックは大きく，心的防衛から感情に触れないようにしています。「もう昔のことですから……」と言ってそれ以上触れようとしないこともあります。また，感情に触れることを回避するために，ひとつの話が終わらないうちに次の話を始めることもあります。第8章も参考にしてください。

　こういう人たちに対しては，認知療法による介入を行なうとしても長期になることが予測できるだけでなく，そもそも認知療法を導入することが妥当かどうか検討が必要です。

4.2 思考と感情の区別がつかない

　思考と感情が区別できていないと，セラピストもクライエントの感情がなかなか理解できません。このことは多くのクライエントに当てはまるかもしれません。なぜなら，日常生活では，「私は○○と考えた」という代わりに「私は○○と感じた」と言うのが普通だからです。ニーナン＆ドライデン（2010）から例を引いてみましょう。

〈対話1〉

Cl. 私はこの問題を決して克服できないように感じます。

Th. あなたはこの問題を決して克服できないという考えをお持ちなのですね？　この考えに対してどう感じますか？

Cl. この治療は私の助けにならない感じがします。

Th. それもあなたの考えですね。こうした考えに対してどう感じますか？

Cl. 憂うつです。

セラピストの質問によってターゲットとなるべき感情が見つかるまでは，このクライエントは思考を感情だと思い込んでいたのです。一般的に，感情は一言で表すことができると考えられています。たとえば，不安，落ち込み，罪悪感，恥，怒りなどです。これがなかなか見つからないクライエントは点数が低くなるでしょう。

4.3 アレキシサイミア傾向と自閉スペクトラム症

　心身医学で心身症と関連すると考えられているアレキシサイミアという性格傾向があると，自らの感情を詳しく分析できないと言われています。もちろん，強い喜び，悲しみ，怒りなどは体験できるのですが，弱く微妙な感情については自覚できないことがあったり，詳細に説明できないため紋切り型の表現になったりすると言われています。ただし，アレキシサイミアの概念自体には不明確な点が残っています。

　同様に，自閉スペクトラム症の人たちも，自らの感情の自覚が難しいことがあると言われています。アスペルガー症候群とよばれてきた人たちに対しても認知行動療法は行なわれますが（ガウス，2012），短期間では終了できないことが多いでしょう。

文献

ヴァレリー・L・ガウス［伊藤絵美 監訳，吉村由未，荒井まゆみ 訳］（2012）成人アスペルガー症候群の認知行動療法．星和書店．

マイケル・ニーナン，ウィンディ・ドライデン［石垣琢麿，丹野義彦 監訳，東京駒場CBT研究会 訳］（2010）認知行動療法100のポイント．金剛出版．

第3章
自己責任の承諾

1 はじめに

　認知療法のプロセスでは，クライエントはさまざまな役割を担わなければなりません。第3章では，クライエントが担わなくてはならない役割をどの程度，積極的に受け入れているのかを評価します。自己責任は自己非難や自己批判につながるのではないかと危惧される読者がいるかもしれませんが，ここではそういうネガティブな思考や感情につながる認知を評価するのではなく，次の「点数とアンカーポイント」のように，自らの力で問題を克服しようとしているかどうかを検討します。

〈点数とアンカーポイント〉

0：評価できない。あるいは情報が不十分。

1：クライエントは，変化や気分に対する自己責任を受け入れず，その責任を外的なものに帰属する。たとえば，次のように言う場合。

　　a.「魔法のような解決法があるはずだ」

　　b.「適切な薬が見つけられるはずであり，それだけが私の気分を改善させてくれる」

　　c.「治療者が答えを見つけてくれる」

2：クライエントは，自分の行動によって変化が促されると言うが，表面的だったり口先だけだったりする。

3：クライエントは，変化のプロセスにおける自分の努力は重要だという認識がいくらかあるが，実際にはこうした認識と外的帰属との間で動揺している。

4：クライエントは，変化のプロセスにおける自己責任をおおむね受け入れているが，わずかに，あるいは時折，外的帰属に陥る。

5：クライエントは，変化のプロセスで果たす自分の役割を理解し，認めている。たとえば，次のように言う場合。

　　a.「あなた（治療者）は私に正しい方向を示すことができますが，動くのは自分自身だということはよくわかっています」

　　b.「私だけが自分を助けることができる人間だということはよくわかっています」

2 この項目がなぜ重要なのか

　認知療法では，セラピストとクライエントが介入における責任を互いにシェアできる関係がベストだと考えられています。ただし，介入の初期と終盤ではそれぞれが担う責任の割合は大きく異なります。介入が進展するにつれてクライエントの責任が徐々に重くなるのが理想的です。

　しかしながら，介入当初から自分が負うべき責任をまったく認識していなかったり，何らかの理由で責任に対して回避的な態度を示したりするクライエントでは，短期の認知療法は難しいことが予想されます。次のような責任がクライエントにあることを，介入の初期から話し合っておく必要があります。

- 介入の達成目標を決める。
- 認知行動理論を理解し，応用する（自らのケースフォーミュレーションを作成する）。
- 問題に対する解決策や新しい別の見方を考え，提案する。

第3章　自己責任の承諾　165

- ホームワークに取り組み，ホームワークの反省点や，よりよい結果を導くための計画立案を話し合う。

　認知療法の最終目標はセルフマネジメントが可能になることです。つまり，クライエント自身が，自らの認知と行動を状況に応じて適応的に変容させられるようになることです。クライエントは，受身にならず，上記のセルフマネジメントに必要な責任を担うことが大切です。このことを早期から理解して同意できるクライエントは，短期間であっても認知療法が無理なく有効に働くと推測されます。また，第1部で解説したソクラテス的手法における第5章「自己変革」でも，クライエントの自己責任の承諾は重要な役割を持っています。自分を変える責任を自分自身が引き受けなければ達成しえない課題だからです。
　一方で，クライエントが責任を適切に担えるよう配慮するという責任がセラピストにはあります。セッションで適切な「間」を設けてクライエントが考える時間を作ったり，「このような場合，あなただったらどのような解決法があるでしょうか？　これまで学んだ認知療法の内容を思い出しながら考えてみてください」というように質問したりして，クライエントの責任感や主体性を刺激し続けることが大切です。クライエントの意見やアイデアに対してポジティブな反応や称賛を十分に示し，彼らの自信を高めることも大切です。
　本書第1部で解説したソクラテス的手法（とくに，第1章「系統的な質問」）は，クライエントの「考える力」を刺激するのに有効です。

3 この項目の点数が高い人

3.1 「私をもっとも助けることができるのは私自身である」と理解している

　「自己責任の承諾」を受け入れている人は，「自分で問題を解決したい」というモチベーションがはじめから高い人です。初回面接の時点ですでに，「自分の問題は自分で解決できるようになるのが一番よ

い」，「考え方や行動を自分で変えられるようになりたい」という考え方や態度を持っています。そのため，薬物療法よりも認知療法などの心理療法を好む傾向があるのかもしれません。

　たとえば，初回面接において，セラピストがクライエントに，「多くの心理療法のなかで，なぜ認知療法を選択したのですか？」と，そのモチベーションを質問した際に，「私は薬に頼らず，自分の力でストレスや不安に対処できるようになりたい。そう考えて認知療法を選びました」という明確なモチベーションを語ることができるクライエントは，自己責任を受け入れており，短期の認知療法にも適合すると考えられます。

3.2 認知行動理論をよく復習している

　認知行動理論に関心を持ち，その内容を理解しようと努めているクライエントは，自己責任の意識が高いと言えるでしょう。それゆえ，「自己責任の承諾」は「認知理論への理解」と深く関連する項目だと言えます。

　たとえば，「自己責任の承諾」の点数が高いクライエントは，介入の初期から心理教育の内容をメモしていたり，セッションの内容を自宅で復習していたりといった行動が自発的にみられます。

　ケースフォーミュレーションに自発的に取り組めるクライエントも「自己責任の承諾」の点数が高いでしょう。ある強迫症のクライエントは，セッション中にセラピストと作成したケースフォーミュレーションの図を，自宅の目につく場所に貼っていました。このような工夫によって強迫の悪循環にはまらないよう，自分自身に気づかせることが目的でした。これによって，彼の症状は早期に改善されました。この行動はセラピストの指示で行なわれたわけでなく，彼自身が「自分の症状は自分で治すことが大切である」ということをよく理解していたからこその行動でした。

3.3 積極的に課題のアイデアを提案できる

　認知療法では，セラピストが提案する介入方針や課題に対して，クライエントは積極的に意見やアイデアを提案する責任があると言えます。

　たとえば，次のような事例がありました。広場恐怖のため電車に乗ることができない男性クライエントに対して，「電車に乗り，回避行動を取らなくても不安が自然に下がるのを体験する」という曝露法を行ないました。セラピストと彼は，毎セッション，どのような課題なら曝露法にチャレンジできそうかを話し合いました。各駅停車の電車に乗るという曝露課題を遂行する前に，彼は「下り電車のほうが空いているので，まずはそこからチャレンジしたい」と提案してくれました。曝露法のコツは，不安がきわめて高い課題からチャレンジするのではなく，不安だけれども頑張ればできるだろうと思えるレベルにチャレンジすることです。この感覚はクライエントの主観に基づくため，彼からの提案は非常に重要でした。実際に，彼は下り電車に乗るという曝露課題から始めることで，自信を深めることができました。

4 この項目の点数が低い人

4.1 セラピストに頼りきり

　問題の解決方法を自ら考えようとせず，「認知療法をただ受けていれば，自分の問題は解決するはずだ」，「セラピストが私の問題を解決してくれるべきだ」と考えているクライエントは，「自己責任の承諾」の点数は低くなるでしょう。もちろん，つらい境遇に置かれているクライエントからすれば，藁をも掴む思いでセラピストにたどり着いたかもしれず，頼りたくなる気持ちも理解できます。しかし，いつまでもセラピストに頼りきりでは，問題の根本的な解決にはなりません。やはり，「自らの問題を自ら解決できるようになること」

がもっとも重要であり，それを目指すのが認知療法です。介入当初の依存度の強さをアセスメントして，認知療法が短期で効果を発揮するかどうかを見立てることは，クライエントの過剰な期待を減じるためにも重要です。

介入初期から適切な心理教育を行なえば，ほとんどのクライエントは「自分の問題を自分で解決できるようになることが大切である」という理念を理解してくれますが，理解が乏しい人もいます。このようなクライエントには，自己責任の意識を高めること（誰かに助けを求めずとも，自分の認知と行動を変えることで対処できるという自信をつけること），それ自体が介入目標になり，介入全体の期間も長くなることが推測されます。

4.2 ホームワークに対して積極的でない

ホームワークに意欲的かどうかは，「自己責任の承諾」の指標として認知療法では非常に重要です。ホームワークの意義を理解できないとか，ホームワークへの意欲が低い理由があいまいだとかというクライエントのなかには「自己責任の承諾」の点数が低い人がいます。認知療法では，ホームワークができなかったときは「できなかった」とセラピストに正直に報告し，次の手立てやプランを考えることもクライエントの責任なのです。そうしないと適切なホームワークを設定することができず，認知療法の効果は明らかに減ってしまいます。

ただし，実際の介入場面では，ホームワークができなかったことの全責任をクライエントに帰属してはいけません。セラピストが適切なホームワークを提案しなかったために実行できなかった可能性も高いからです。

第4章
認知理論への理解

1 はじめに

　認知療法のプロセスでは，セラピストはもちろんのことクライエントも，認知行動理論のエビデンスに基づいた取り組みを求められます。問題の理解の仕方や反応の仕方を修正するときに，クライエントが認知行動理論を正しく理解しており，その考え方が理論と整合性を持つことが重要になります。第4章ではそれをアセスメントします。

　たとえば，思考・気分・行動のモニタリング，それらの関係性の検討，セッション外での行動実験，「対人関係の問題を調べるための実験」として治療関係を用いること，認知療法によってどのような症状がどうよくなるか，などのように，認知行動理論だけでなく，認知療法で扱う一部の技法に対する理解も含まれます。理解の度合いは以下のような基準で評価できます。

〈点数とアンカーポイント〉

0：評価できない。あるいは情報が不十分。

1：クライエントは，思考と気分との関係が理解できない。そして／あるいは，明らかに認知モデルではない他のモデル（たとえば，そのクライエントには明らかに適用できないような生物学的モデルや精神分析学的モデル）を採用しようとする。あるいは，認知療法にとっ

て重要な課題（たとえば，ホームワークやセルフモニタリングを行なうこと）を拒否したり，ゴールを勝手に設定したりする（たとえば，20セッションでは不十分だと強く主張すること）。

2：クライエントは，認知理論を理解し，認知療法の課題の意味に気づくことに困難がある。

3：クライエントは，認知理論を理解しているようにみえるが，理論への多少の疑問か，モデルやその適用について疑問を持っている。

4：クライエントの反応は，自分の心理的苦痛における認知的要因の役割を率直に認めようとするものであり，認知療法の課題に多少なりとも進んで取り組もうという意思が示される。

5：クライエントは，自分の心理的苦痛における認知的要因の役割を心から認め，ホームワーク，認知モニタリング，治療関係の探究などのような認知療法における重要な課題の意味を明確に理解している。

2 この項目がなぜ重要なのか

　認知行動理論をクライエントが深く理解しているほど，以下の3点についても理解できていると考えられます。

- どのように具合が悪くなるのか？
- 心理的介入で何をすれば，どうなるのか？
- どのようによくなるのか？

　そのため介入がスムーズに進むのは当然です。このことは，説明と同意を経て治療同盟を結ぶためにも，治療に対するクライエントの動機づけのうえでも大きく影響します。反対に，理解が乏しいほど，理論の説明に長い時間をかけなければなりません。ソクラテス的手法を用いる際にも，すべての対話の形式や検討方法などの詳細について逐一説明をする必要が出てくるため，介入に時間がかかり

ます。もちろん，すべてのクライエントに短期の認知療法を実施する必要はなく，その人に合わせて介入期間を設定すればよいのです。次のような内容をていねいに説明したり心理教育したりすることによって，自発的に気づきが高まるでしょう。

- 問題のケースフォーミュレーションに関わる認知モデルや行動原理
- セルフモニタリングでABC分析を行なうために注目すべき要素
- 介入に用いられる技法やエクササイズ
- 行動実験の重要性
- 適応的な行動を般化して，生活習慣にしていくための方法

3 この項目の点数が高い人

3.1 認知療法の考え方に対する理解が早いか，事前に学んで理解している

　認知理論への理解が深い人は，理論とそれに基づく心理療法に関する知識が多いか，そのような考え方に親和性を持っています。また，知的能力が全般的に高く，好奇心も強いと推測できます。そのため，セラピストの見立てや介入がクライエントにスムーズに受け入れられ，問題が解決されるまでに要する期間が短くなります。

　〈対話1〉

Th. 自分の計画通りに物事が進まなかったときに，心に湧いてくる感覚や感情，考えやイメージをモニタリングできましたか？

Cl. 上手くできているかどうかわかりませんが，やってみました。思い通りに進まなかったときに，「何で自分はいつもダメなんだろう？」，「いつもこうなって，うまくいかない」，という自動思考と一緒に憂うつになっていると思いました。ほかにも，無力感や虚しさで気力を失ってしまいます。自分でも意外だったのは，計画通りに進まな

かったので,「じゃあ,どうしよう？」と困ったり焦ったり,「残っていることをきちんとうまくやれるだろうか？」と,うつと言うよりもむしろ不安になっていることに気づきました。

Th. とても細かいところまでとらえることができましたね。

Cl. こんな一瞬の気持ちに焦点をあててみつめたことはありませんでした。やっぱり書き出すと,自分のことでも客観的にみることができてわかりやすいです。頭だけで考えていると,全然うまく把握できないで巻き込まれていってしまうのに。これだけで,少し距離が取れるようです。理解できただけで安心もしました。前回の最後に聞いたように,自動思考をもっといろんな側面から検討してみたり,そこからリカバリーしたりするような行動を試してみたいです。

Th. そうですね。これをもとに今から考えていきましょう。

4 この項目の点数が低い人

4.1 「そういうのは好きじゃないんです」

　心理療法に対して独特なとらえ方をしていたり,他の心理療法の理論にこだわったり,問題の原因を認知行動理論以外でとらえ続けたりする人は,「認知理論への理解」の評価が低くなります。

〈対話2〉

Th. 自分の計画通りに物事が進まなかったときに,心に湧いてくる感覚や感情,考えやイメージをモニタリングできましたか？

Cl. やってきませんでした。ワークシートとか,気分や思考を特定するとか,部分を分析するようなやり方は好きじゃないんです。前の病院で受けた治療法は,そんなことに注目しませんでしたよ。むしろ,幼少期の出来事が原因になって今の私の役割が決まっていると思うから,隠された記憶を表に出すような取り組みをしてほしい。そういう私という人間の全体の話を聴いて,共感して癒してもらえれば

治ると思うんです。

Th. なるほど。私も部分だけにこだわりたいわけではありません。それに，生い立ちからこれまでの経験をていねいにお聞きしたいのです。そのうえで，どんな出来事があったときにどんな感覚，感情，考えが動くか，そのメカニズムを理解したいと考えています。そちらのほうが，うつに対するもっと適切な対処法を考えることができるかもしれませんからね。

Cl. でも，最近うつになったときは，季節の変わり目だったし，ホルモンバランスの乱れとか，季節が関係しているんじゃないかと思うんです。だから，うつのメカニズムよりも，隠された記憶や今の役割のほうが問題なんじゃないかと思うんです。

Th. あなたの気持ちはよくわかりました。それを専門的に扱っている機関を紹介することもできますし，隠された記憶や今の役割とあなたが抱えるつらさがどのようにつながるのかを具体的に考えていくこともできます。

　現在の日本の状況では，このようなクライエントにどうしても認知療法を実施しなければならないこともあるでしょう。もちろん，短期の認知療法は無理ですが，クライエントと合意できる部分を探り，そこから徐々に認知療法の流れに乗せることもひとつの方法だと思います。

4.2 そもそも理解できない

　発達障害，知的障害，解離症状，アレキシサイミア，自我機能の障害などのために，心のなかに湧いてくる感覚，感情，思考，イメージをとらえられない人もいます。本人が認知理論を理解できたとしても，実際には介入が進展しません。

〈対話3〉

Th. 自分の計画通りに物事が進まなかったときに，心に湧いてくる感覚や感情，考えやイメージをモニタリングできましたか？

Cl. 観察しようとはしてみたんですが，自分を集中して観察しようとすると，どうしてもなんだかザワザワして集中できなくて。すぐ止めてしまいました。

Th. ザワザワ以外に何か1つでも構いませんから，気づいたことはありませんでしたか？

Cl. そうですねえ，嫌な気分でした。それ以外は，今考えてみてもわからないです。

Th. では，今，計画通りに物事が進まず，嫌な気分になっている自分を，ちょっと思い浮かべてみてください。

Cl. はい。

Th. そのイメージのなかで，何か感じることはありませんか？

Cl. ……何も感じないです。

Th. そうですか。それでは，感覚や考え方を変化させるよりも，そうなってしまった後にどうリカバリーするかを考えたほうがいいかもしれません。

　このようなクライエントに認知療法で介入するためには，クライエントが把握できるところ，理解できるところから入っていくことになります。

4.3 納得していない

　認知理論は理解していても，クライエントが何かに不満を持っていることもあります。この場合は何らかの葛藤が生じていると考えられますから，それを扱わざるを得ません。

〈対話4〉

Th. 自分の計画通りに物事が進まなかったときに，心に湧いてくる感覚や感情，考えやイメージをモニタリングできましたか？

Cl. モニタリングはしてみました。「何で自分はいつもダメなんだろう？」，「いつもこうなって，うまくいかない」と思って，とてもつらくて憂うつになります。無力で，虚しくて，何もできなくて横になってしまいます。あと，計画通りに進まなかったので，「じゃあ，どうしよう？」と焦っています。「残っていることも，きちんとうまくやれない」と絶望的な気持ちになります。

Th. できなかったことで，かなり自分が追い込まれるわけですね？

Cl. そんな感じです。それがつらいです。

Th. そうですね。このつらさから抜け出すために，違う視点に立って，考えから距離を取ったり，少しでも事態を改善できる行動をとれないか考えてみましょう。

Cl. おっしゃることは頭ではわかりますが，情緒的な癒しがあれば，自分は救われると思うんですよね。理屈ばかりで考えても，心が癒される気がしないんです。

Th. もちろん情緒も大事ですし，癒されるのも大事です。ただ，追い込まれてつらいからこそ，いち早く抜け出すためにも，認知や行動も同時に考えていきたいと思っています。

Cl. そうですか……。わかりました。お願いします。期待はしています。一所懸命に考えてくれていることや共感してくれていることはわかるんですけど，癒されるところまで届いてこないというか。すいません。でも，そう感じているんです。

このようなクライエントに認知療法を実施するためには，葛藤の解決を目的にして介入の優先順位を決める必要があります。場合によっては，「今，ここ」で起きているクライエントとセラピストの関係に焦点をあてることもあります。

第5章
治療同盟への潜在力1
（セッション内の証拠）

1 はじめに

　「治療同盟の潜在力」のアセスメントについて具体的に説明する前
に，第1部第4章でも検討しましたが，認知療法における治療関係
のあり方についてもう一度確認したいと思います。

　認知療法の治療関係は協同的経験主義に基づいています。「協同
的」とは，治療者とクライエントが互いにパートナーとなり，2人
で協同して治療を進める姿勢を意味します。また，「経験主義」と
は，常に現実のなかで治療の妥当性を検証する姿勢を意味します。
そして，クライエントとセラピストが，自分が体験した認知や感情
をセッションのなかで率直に語るとともに，それを検証可能な仮説
としてとらえ，一緒に検証し，面接目標の設定や問題解決に役立て
ることを意味しています。

　傾聴する態度や共感的な理解はすべての心理療法にとって重要な
前提であり，認知療法でももちろん重視されます。しかし，認知療
法ではそれだけにとどまらず，セラピストは親切でありながらも「も
のわかりのよすぎない」態度でクライエントに積極的に質問し，ク
ライエントとセラピストの双方が十分理解できるまでクライエント
の話を具体化・明確化します。一方，クライエントも，セラピスト
に対して積極的に質問します。セラピストと意見が異なるときはな
おのこと，自分の考えや感情を積極的に表現することが期待されま

す。このようにして，クライエントとセラピストが互いに不足している部分を補い合いながら問題に向き合う「チーム」となることが認知療法の治療関係の特徴です。こうした治療関係のあり方を念頭に置いて，治療同盟への潜在力をアセスメントします。

オーバーホルザーは「治療同盟は相互作用に基づいており，治療者側が一方的に治療関係を壊してしまう場合があることも忘れてはいけない」と言っています。治療関係には，セラピスト側の要因の検討や，セラピストが工夫や努力を続けることが前提になっていることも忘れないでください。

ここでは短期の認知療法を想定した治療関係の構築について，筆者の体験を交えて説明します。協同的経験主義に基づく治療関係は，介入が長期におよぶ困難事例においても力を発揮します。

短期認知療法適合性尺度では，治療同盟への潜在力は「セッション内の証拠」と「セッション外の証拠」という2項目が設けられています。どちらもインテーク面接で得られる情報からある程度はアセスメントできますが，介入期間を通して継続的に評価していくべきものでもあります。治療同盟への潜在力（セッション内の証拠）は以下のような基準で評価しています。

〈点数とアンカーポイント〉
0：評価できない。あるいは情報が不十分。
1：クライエントは，治療者を明らかに信頼していない。または，面接について否定的な意見を持ち，防衛が強い。ラポールが形成されていない。
2：クライエントは，自分の殻に閉じこもっているようにみえる。または，多少防衛的で焦燥感が強いようにみえる。クライエントが治療者と積極的に関わろうとしている証拠はほとんどない。
3：クライエントは，治療者と積極的に関わろうとする態度を示すが，まだ十分に信頼できていないようにもみえる。
4：クライエントは，治療や治療者に対して否定的な感情を多少抱きつ

つも，治療者と積極的に関わろうとしている。クライエントが治療者から理解されていると感じているという証拠がある。

5：クライエントは，治療者と積極的に関わろうとし，治療に意味を見出し，治療者から理解されていると感じている。クライエントと治療者の双方に温かさのサインがみられ，共感的理解が得られている。

2 この項目がなぜ重要なのか

治療同盟とはセラピストとクライエントの相互作用的な概念です。この項目では，クライエント側が思うセラピストとの関係の築きやすさや，両者の間で温かく共感的な理解が形成される可能性に焦点をあてます。ベックら（1992）による著作『うつ病の認知療法』には，「治療関係：認知療法への応用」という独立した章が設けられています。そのなかで，「認知療法と行動療法は，おそらく，精神力動的な治療法の文脈のなかで述べられてきたような微妙な治療的雰囲気と同じものを必要としている」と書かれています。つまり，基本的な人間関係が成立して初めて心理的治療が可能になるという点は，（その後，展開される具体的な治療関係は，かなり異なったものになってくるとはいえ）どのような心理療法であっても同じです。

しかし，なぜ短期認知療法にとって「治療同盟への潜在力」の評価がとりわけ大切なのでしょうか。それは，他の心理療法や長期の認知療法よりも，心理的介入の基盤が当初から良好な治療関係に負うところが大きいからです。適切なフォーミュレーションと，それに基づく治療計画と技法の選択が短期間で行なわれるためには，介入当初から良好な治療関係が結べる力をクライエントが持っていることが前提となります。治療関係の構築に時間をかけなければならないクライエントは短期認知療法には向かないと言えます。

「治療同盟の潜在力」に関するセッション内とセッション外の評価は，たいていの場合，正の相関を持つと思われますが，そうでない

こともありえます。セッション内では評価が高いのにセッション外では低いと評価される場合として，クライエントが面接構造に助けられている可能性が考えられます。クライエントのなかには心理面接の人・場所・時間という特殊な構造がないと積極性や協力性を発揮できない人もいます。逆に，人数は少ないと思われますが，セッション内では低評価なのにセッション外では高評価になることもありえます。心のなかではなんとか問題を解決したいと強く願っても，対人緊張が強すぎてセラピストの前でもどのように振る舞ったらよいかわからない人がいます。こういう人は，セッション内の評価は，最初はどうしても低くなりがちです。しかし実際には，心を許すことのできる重要な他者がいたり，たくさんの協力者を持っていたりする可能性もあるのです。セラピストがクライエントの緊張を高めていないか注意してください。

3 この項目の点数が高い人

　セラピストがセッションの最後にフィードバックを求めると，「説明がよくわからなかった」，「初対面のセラピストに自分のことを話すのは不安だった」などと率直に，かつ穏やかに伝えられるクライエントは，適度な自尊心を持つとともに，相手に受け入れられているという感覚を持っていると推測されます。このような人は，おそらく「治療同盟の潜在力」が高いと評価されるでしょう。

4 この項目の点数が低い人

　「治療同盟の潜在力」は発話量や話し方からも評価できます。まったく話さない緘黙状態や，その反対にセラピストが口を挟めないほど一方的に話し続けることは，初対面の緊張感を差し引いても「治

療同盟の潜在力」が高くない可能性を示唆します。

本人の希望ではなく，外的な理由で来談するケースでも得点が低くなりがちです。たとえば，親に強制的に連れてこられた中学生や，会社からの強い要請で来談した会社員などはそれに該当するかもしれません。

また，軽い躁状態にあり，易怒的で，一方的に話し続ける人や，何らかの理由で猜疑心が強く，被害的になりやすい人も治療関係の構築が難しいかもしれません。重度の躁病相やうつ病相にある人，あるいは統合失調症スペクトラム障害の急性期の人は短期認知療法が求める治療関係を結べないことが多いと考えられます。

一見セラピストと良好な関係を築いているようでも，表面的で，ただ従順なだけのこともあります。セラピストや治療の場に過剰適応する人や，セラピストを評価者のようにとらえる人も「治療同盟の潜在力」には不安があります。そういう人は対人関係で問題を抱えやすかったり，いろいろ言い訳をして認知療法で求められる作業をやってこなかったりすることがあります。短期認知療法に合うかどうかは，第6章の「セッション外での証拠」についてもよく検討しなければなりません。

文献

アーロン・T・ベック, A・ジョン・ラッシュ, ブラインアン・F・ショウ, ゲアリィ・エメリィ［坂野雄二 監訳, 神村栄一, 清水里美, 前田基成 訳］（1992）うつ病の認知療法. 岩崎学術出版社.

第6章
治療同盟への潜在力2
（セッション外の証拠）

1 はじめに

　「治療同盟への潜在力」をアセスメントするために，短期認知療法適合性尺度ではセッション内とセッション外の2つの項目が設定されています。前項で説明したように，2つの項目の評価は正の相関を持つことが多いと思われますが，そうでないこともあります。そのため，それぞれについて評価することが重要です。治療同盟への潜在力（セッション外の証拠）は，以下のような基準で評価しています。

〈点数とアンカーポイント〉
0：評価できない。あるいは情報が不十分。
1：クライエントは，これまでも人間関係がきわめて乏しかった。人間関係が維持されたとしても，すべて強い不信感や両価的な関係で彩られていた。
2：クライエントは，安定した人間関係を構築できる能力が多少あると考えられるが，不信感を抱きやすく両価的になりやすい。
3：クライエントは，安定した信頼関係を他者との間で構築できる能力がみられるが，他者と衝突すると不信感が明らかに強くなる。
4：クライエントは，安定した人間関係を維持できるという明らかな証拠があるが，多少の不信感や拒絶の傾向，あるいは衝突を回避する

傾向がみられる。

5：クライエントは対人関係に問題を抱えているかもしれないが，安定した，信頼できる，親密な人間関係を構築し維持する能力と，衝突しても人間関係を維持できる能力がある。

2 この項目がなぜ重要なのか

　セッション内の証拠だけで「治療同盟への潜在力」を判断すると，治療場面という特殊な状況によるバイアスが強く影響するかもしれません。そのため，日常生活の状況，生活歴，既往歴，治療歴などをできる限り確認して，必要な情報をアセスメントに役立てなければなりません。

　また，クライエント以外の人，とくに身近な他者からの情報が活用できるとよいでしょう。日常の臨床場面ではクライエント本人としか会えない場合も多いと思いますが，主治医や家族，学生なら担任教師，リワークプログラムの一環なら職場の上司など，クライエントに日常的に関わっている人からの評価はとても大切です。

3 この項目の点数が高い人

　認知療法を始める以前に良好な対人関係を経験している人は，新たな対人関係を結ぶときもコミュニケーションを円滑に進めることができます。不安も高まりすぎず，期待は高すぎず低すぎず，相手に質問したり助けを求めたりすることもできます。自分にとって嫌な申し出を断ることもできるかもしれません。

　たとえば，幼少期の親子関係が良好であった人，学生時代の信頼できる友人や先生との交際が続いている人，現在の身近な他者との関係が良好でサポートを得られている人は点数が高いでしょう。ま

た，これまで受けた医療や心理的サポートで，支援者とよい関係を築くことができたという情報も役に立ちます。

4 この項目の点数が低い人

　得点が低いと想定されるクライエントには，対人関係構築のスキルが十分でなかったり，他者と話すことに過度に緊張したり，過度に依存的であったりする人がいます。たとえば，被虐待経験のある人や，長期間ひきこもっていて人間関係を結ぶ経験が極端に乏しい人が挙げられます。幼少期から長期にわたる対人不信があり，現在もひきこもっているという人の点数は低いと思われます。第5章と同じく，重度の躁病相やうつ病相，統合失調症スペクトラム障害の急性期では，セッション外の人間関係にもおそらく支障が出ているでしょう。

　現在は友人との交流をそれなりに楽しめているとクライエントが言う場合でも，アンカーポイントにもあるように，長期的に安定した人間関係を結ぶことができているかどうかを検討します。コミュニケーションスキルやさまざまな対処法を学習することで表面的には適応的な生活を送っていても，自分の感情や心理的問題に直面せず回避したり，人に従順になることで適応していたりする場合があります。こういうクライエントは，認知や感情の同定に時間がかかり，短期認知療法には向かない可能性があります。

第7章
問題の慢性度

1 はじめに

　この項目を評価するにあたり，評価者はクライエントの問題リストも参照しながら，もっとも重要な症状や問題を検討します。そして，それが，どの程度の期間続いているのかを検討し，問題の慢性度を評価します。短期認知療法適合性尺度では，以下のような基準で問題の慢性度を評価しています。

〈点数とアンカーポイント〉

0：評価できない。あるいは情報が不十分。

1：クライエントは，少なくとも1つの主たる問題を，これまでの人生を通して抱えている。

2：クライエントは，少なくとも1つの主たる問題を，5年以上抱えている。

3：クライエントは，主たる問題を2年以上抱え続けている。あるいは，少なくとも2つの問題が6カ月間続いている。

4：クライエントの主たる問題は6カ月以上2年未満続いている。

5：クライエントの主たる問題は比較的最近（過去6カ月以内に）出現した。
　注）この項目では，点数が高いほど「慢性度は低い（急性である）」ことになりますから注意してください。

2 この項目がなぜ重要なのか

慢性的な問題よりも急性に生じた問題のほうが，短期の認知療法には適していると考えられます。逆に，慢性的な経過をたどる場合，たとえばパーソナリティ障害などの診断を持つ人に対しては，長期的な介入を検討したほうがよいでしょう。認知の歪みを抱えてきた時間が長ければ長いほど，その認知を修正したり反証を考えたりするのは容易ではありません。子どもの頃から慢性的な認知の歪みを抱えてきたケースでは，その認知の歪みが当事者のパーソナリティにまで影響しているかもしれません。このようなケースは，短期の認知療法に適していないと考えられます。

3 この項目の点数が高い人

3.1 主たる問題が発生する以前，周囲の環境に十分適応できていた期間が長かった

主たる問題が発生する以前に，比較的長い期間，周囲の人間関係や職場環境に十分適応できていた経歴を持つクライエントは，点数が高いかもしれません。このような人は，セラピストとの協同関係も比較的早期に築くことができ，短期の認知療法に適合する可能性が高いでしょう。また，症状改善後の社会復帰でも適応が早く，スムーズに復帰できる可能性があります。

3.2 主たる問題が急な生活環境の変化によって生じた場合

たとえば，職場環境の変化（就職，転職，転勤，昇進など），家族関係の変化（離婚，出産など），異文化圏への移住など，急な環境的変化によって心理的問題が発生したケースは慢性度が低くなるでしょう。

このようなケースは，ストレスに対する適応障害のために不安抑うつ反応が生じている可能性もあり，認知行動的なアプローチに加えて，ストレッサーを現実的に減少させる具体的な方略を考える必要があるかもしれません。

環境への適応を促す認知療法は，「急な環境の変化によってストレスを感じ，不調になってしまうことは多くの人が経験するでしょうし，心理的不調を起こしてしまうのも無理からぬことでしょう」というノーマライゼーションを行ないながら導入します。

4 この項目の点数が低い人

4.1 幼少期のトラウマや家族関係などの根深い問題がある

幼少期からの問題や根深い家族関係の問題を抱えているケースでは，この点数が低くなる可能性があります。たとえば，現在のうつ症状を生じさせている認知の歪みや不適応行動に，幼少期のトラウマ体験やそれに基づくスキーマが強く影響している場合があります。

しかし，こうした問題が介入開始時には明らかにされず，介入を進めるうちに徐々に浮き彫りになることもあります。短期の認知療法を計画して実施している最中でも，こうした問題が明らかになった時点で介入計画を立て直し，長期的な計画にできるだけ早く変更するほうがクライエントの利益につながります。

4.2 病前適応に問題がある

問題の慢性度を評価するときは，病歴だけに注目してはいけません。診断がつく以前の状態もアセスメントし，長期におよぶ潜在的な問題を抱えていないかどうかを評価することが大切です。

たとえば，うつ病の社会人クライエントであっても，学生時代に不登校やひきこもりなどの問題を長期的に抱えていた可能性もあります。うつ病の診断を受けたのが最近だったとしても，このような

場合はより長期的な視点から評価して，ケースフォーミュレーションをしっかり行なうべきです。

4.3 うつ病の再発を繰り返している

うつ病は寛解と再発を繰り返しやすいという特徴を持っています。たとえば，児童・思春期にうつ病を発症した場合は，その後も再発，再燃を繰り返す可能性が高いと言われています。原因だと考えられる出来事や置かれた状況が異なっていたとしても，再発を繰り返しているクライエントでは問題が慢性化している可能性を検討したほうがよいでしょう。このようなクライエントは，認知療法によって症状が一時的に改善したとしても，「再発予防プログラム」を組み込んだフォローアップが長期的に計画される必要があります。

　注）問題が慢性化していても，経験豊富なセラピストが実施すれば，認知療法は有効です。ただし，長期になる可能性は高いでしょう。

第8章
防衛的操作

1 はじめに

　　防衛的操作とは，クライエントが自我を脅かされたときに心理的な安全感を回復させるための反応のことです。聞かれたくない事柄について質問されたとき，思い出したくない記憶を語らなければならないとき，セラピストに陰性転移が生じているときなどは，クライエントに心理的なストレスがかかっているはずです。このとき，クライエントが話題をそらしたり，心理面接の開始時間に遅れたり，セラピストに対して強く要求的になるなどの反応を示すことがあります。これが防衛的操作とよばれる現象です。これは，クライエントが意図的に行なう場合もあれば，無自覚の場合もあります。防衛的操作は以下のような基準で評価しています。

〈点数とアンカーポイント〉
0：評価できない。あるいは情報が不十分。
1：クライエントの防衛的操作は，治療プロセスを混乱させるのに十分な，頑丈なバリアのようである。たとえば，困難なことや潜在的に不安を生じさせるような領域を回避すること。治療中はこのスタイルをまったく変えない。
2：クライエントは，中程度の防衛的操作を行なうが，ときには率直かつ直接的に，潜在的に不安を生じさせるような問題にも対処する。

3：クライエントは，軽度の防衛的操作を行なう。潜在的に不安を生じ
させる問題にも率直に対処できるようにみえる。しかし，その行動
の一部が，短期認知療法を妨害しているという可能性がある。
4：クライエントは，混乱を生じさせるような防衛的操作を行なうこと
もあるが，それらは短期認知療法にとって大きな障害にはならない。
5：クライエントの防衛的操作は短期認知療法の障害にはならない。

2 この項目がなぜ重要なのか

2.1 防衛的操作の程度

　防衛的操作は短期認知療法の導入や進行を妨げるという点で問題
になる以外に，クライエントがどの程度自分に向き合えるのかとい
う自我の強さを測るうえでも重要です。クライエントの認知，感情，
身体感覚など，心を形作るあらゆる構成要素はクライエント自身に
所属しており，それを変容させることができるのは最終的にクライ
エントだけです。認知療法はクライエントが自らの治療者になるこ
とを目標のひとつにしていますが，その作業に取り組む自我の強さ
をクライエントが有していれば，認知療法を進めることが比較的容
易になります。そうでなければ，自我の強さを育てる作業に時間を
かけなければならないため，自ずと長期的な治療の枠組みが必要に
なります。

2.2 防衛的操作の特徴

　防衛的操作の程度を適切に評価するためには，セラピストがクラ
イエントの防衛的操作を敏感に察知する必要があります。防衛的操
作をクライエントが自分から説明してくれることはほとんどないた
め，セラピストが十分な注意力を持ってクライエントの様子を観察
しなければなりません。そのために，次のような点に注意を払いま
す。

- 非言語的／言語的特徴
- 行動的特徴
- セラピストの「内的感覚」

2.2.1 非言語的／言語的特徴

　　まず，クライエントの話ぶりや表情，態度といった非言語的な特徴に注意を払います。たとえば，クライエントの言い澱み，沈黙，多弁，視線をそらす，睨む，腕を組む，足を組む，ぼんやりする，といった振る舞いに防衛的操作が反映されていることがあります。

　　次に，クライエントの使う言葉や言い回し，話の筋道などの言語的な特徴にも防衛的操作が表れることがあります。たとえば，次のような場合です。

- セラピストが何度も聞き直さなければならないほど，言葉や話の内容があいまいだったり唐突だったりするとき
- はじめの内容からそれてしまいがちで，何度も元の内容に戻さなければならないとき
- 皮肉や疑問形で返答するなど，語尾に別の意味が加えられているとき

2.2.2 行動的特徴

　　防衛的操作が行動として表れて，心理面接の進行を妨害することがあります。その行動は，回避行動，服従行動，過剰補償の3つに大きく分類できます。

　　回避行動は，セラピストの質問をはぐらかしたり，質問に十分に注意を払わなかったり，質問内容とは異なる別の答えを返したりする行動のことです。心理面接の日時を間違えたり，開始時間に遅れたりすることもあります。さらに，質問に冷静に答えていても言葉に感情がこもらないときや，質問に対して「思い出せない」，「よくわからない」などと言い続けるときも回避行動だと考えられます。

服従行動は，セラピストに対する過度に従順な行動を意味します。セラピストの質問には素直に答えますが，質問以外の内容を自発的に話さなかったり，セラピストの提案を承諾してもそれを実行しなかったり，何事についてもセラピストに対して許可や答えを求めたりする行動がそれにあたります。

過剰補償は，質問に対して些細なエピソードを必要以上に話したり，会話の主導権をクライエントが握ってしまうほど過剰に積極的になったりする行動です。ときにはセラピストに対して，批判をしたり，不平不満や理不尽さを訴えたりというアグレッシブな行動を起こすクライエントもいます。こうした行動は，自分の心理的な不安定さを補償するために機能しています。

行動的問題にはパーソナリティ障害の行動化も含まれますが，本書の趣旨からははずれるため，ここでは取り上げません。短期認知療法を求められているセラピストとしては，むしろ普通に見えるクライエントの行動に含まれる意味に注意を払うことのほうが重要です。

2.2.3 セラピストの「内的感覚」

以上はクライエントを観察して確認できる特徴ですが，セラピストに生じる認知や感覚も重要な情報を与えてくれます。

クライエントの防衛的操作が強いと，多くのセラピストは不快感を抱きます。たとえば，回避行動に対しては，じれったいとかクライエントを問い詰めたいという思いが生じるかもしれません。もし，セラピストがこの不快感に突き動かされてしまうと，クライエントを焦って説き伏せようとしてしまい，セラピストのほうから治療関係を壊すことになるかもしれません。

一方，服従行動に対しては，クライエントがセラピストの意図に同調してくることから，セラピストは話を進めやすく，万事スムーズに進行していると思いこみ，心理面接が終わった後にはうまくいったという高揚感が生じるかもしれません。しかし，次の心理面接に

クライエントは来ないかもしれません。

　過剰補償に対しては，クライエントの過剰な言動にうんざりしたり，心理面接のプロセスがクライエントの言動に振り回されていると考えたりするでしょう。セラピストは，そのクライエントの過剰補償に対して強い怒りが生じて，ラポールを損なう言動をとってしまうかもしれません。

　このように，セラピストに生じる思考，感情，身体感覚を観察することで，防衛的操作について多くのヒントを得ることができます。ただし，セラピストの「内的感覚」を振り返るときには，セラピストの心理状態がニュートラルでなければなりません。セラピストが焦っていたり，イライラしていたりすると，その心理状態の調整不全がクライエントから伝わる情報を歪めてしまい，防衛的操作の見きわめが難しくなってしまいます。クライエントの非言語的／言語的特徴や行動的特徴をみつけたり，セラピストの「内的感覚」に何らかの違和感が生じたりしても，すぐさまクライエントの防衛的操作のせいだと結論づけるのは性急すぎます。セラピストは自分の認知の歪みとその結果についても十分注意を払い，慎重に検証する姿勢が求められています。

2.3 防衛的操作の検証

　防衛的操作が生じているかどうか，生じていたときにはその強さはどの程度なのかを見きわめるために，心理面接におけるクライエントの様子を「刺激→反応→結果」という図式でとらえることは役に立ちます。

　たとえば，主訴について質問する行為は，クライエントに刺激を与えます。この刺激に対してクライエントが発する言葉や行動が，クライエントの反応です。もし，刺激に対して，通常の心理面接で期待されるものとは異なる反応をクライエントが示したら，それはクライエント特有の反応だと考えられます。このクライエント特有の反応のなかに防衛的操作が潜んでいる可能性があります。

第8章　防衛的操作　**193**

　クライエントの反応が防衛的操作かどうかを見きわめるために，その反応がクライエントにどのような結果をもたらしているのかを検証します。たとえば，通常ならば容易に答えられる質問に対してクライエントが考え込んでしまったら，心理面接に慣れていないために混乱しているのかもしれませんが，実は心理療法に対して乗り気ではないために質問への返答を暗に拒否しているのかもしれません。もし，クライエントが混乱しているだけであれば，面接をゆっくり進めることで心を整理する時間を確保できます。しかし，拒否しているのであれば，セラピストが手助けをしても，その反応が繰り返されるでしょう。そのため，クライエントに脅威を与えないように配慮しながら，さまざまな角度から，質問に対する反応とそれがもたらす結果を検証しなければなりません。

　ただし，防衛的操作を見きわめるための質問は，不快な問題にクライエントを直面化させることになるかもしれませんから，不用意に質問したり，矢継ぎ早にいくつも質問したりしてはいけません。安易な直面化はクライエントを傷つけ，逆に防衛的操作を強くします。場合によっては，認知療法だけではなく支援全体から脱落してしまう危険性もあります。

2.4 防衛的なクライエントの例

　ここで，ある女性クライエントの例を挙げましょう。彼女は成人期に至るまでに父親から性的虐待を受けていました。知人との外食中に突然強いめまいと動悸が生じ，意識を失って倒れてしまうことがありました。

　初回面接では，彼女からパニック症状が語られました。しかし，性的虐待がパニック症状に関連していると彼女自身が考えていなかったため，セラピストに対してその事実を伏せていました。セラピストが家族歴を質問したとき，彼女は目線をそらして考え込むような反応をしました。そして，家族歴に関する質問のたびに，2～3分の沈黙が繰り返されました。このため，アセスメントにいつもの倍の

時間がかかりました。しかも，家族に関する情報は，親の職業や住んでいる場所などのごく表面的な内容で，その関係性や幼少期の家族に関わる記憶についてはほとんど語られませんでした。セラピストは，彼女の沈黙を，まるで「何も質問をしないで」と言わんばかりにバリアを張っているように感じました。そこで，セラピストは，家族関係に何か大きな問題が潜んでいると推測し，防衛的操作も強いと判断したため，短期認知療法の導入を見送りました。

　2回目の心理面接では表面化している強いめまいや動悸といった症状に対して感情調節スキルを使った安定化の作業に取り組みました。すると，3回目のセッションで，彼女に過去の性的虐待の記憶がよみがえり，それが本当にあったことなのかどうかわからないという強い不安を訴えたため，トラウマにフォーカスした心理療法を彼女に提案しました。

3 この項目の点数が高い人

　アンカーポイントに基づいて5点や4点に評価される人が防衛的操作を行なっていないクライエントということになります。

　「5」は，防衛的操作が行なわれたとしても治療プロセスを妨げることはまったくない状態です。この場合は，クライエント自身が防衛的操作に気づき，それを言語化し，さらにクライエントがすでに持っている対処スキルで対応できることが多いと思われます。場合によっては，セラピストが防衛的操作に気づかないかもしれません。セラピストは，自我が脅かされるというクライエントの恐れを率直に理解し，クライエントの努力を労う発言をすることで，さらにクライエントの心理的な安全感を高めることができます。

　「4」は，防衛的操作があっても，治療プロセスにさほど妨害的にはならない状態です。クライエントは，問題の核心に触れる質問にストレスを感じてもそれに対する耐性があります。したがって，治

療プロセスのペースダウンがあっても，停滞することは少ないと思われます。

4 この項目の点数が低い人

「3」は軽度です。クライエントの治療に対する姿勢は，基本的に率直で前向きであり，潜在的に不安を喚起させるような問題に対しても，それに向き合って取り組もうと行動することができます。しかし，セラピストの意図と食い違った行動をしたり，セラピストの機嫌をうかがう行動をとったりして，治療のプロセスが多少妨害されます。ただし，治療プロセスはゆっくりであっても進むことができるため，セラピストはクライエントの変化をある程度予測することができます。回避や拒絶などの防衛的操作に対して手短に（しかし，適切に）対応することで，心理面接を進めることができます。

「2」は中程度の防衛的操作です。クライエントは，心理的問題に取り組むことについて回避や拒絶をすることもあれば，取り組む姿勢をみせることもあります。たとえば，治療への意欲はみせるものの，不快な話題については回避や拒否をするために，問題の核心に迫ることが難しくなります。

「1」は，治療プロセスを混乱させるほど強い防衛的操作だと定義されています。たとえば，クライエントによる回避や拒否的な態度があからさまであり，情報収集よりも回避的や拒否的な態度への対応に追われるために，セラピストは十分な情報を聴取することができず，治療プランを立てることも困難です。場合によっては，ラポールを形成することもままならず，治療への導入そのものを中断せざるを得ない危険性があります。このようなときは，明らかに防衛的操作が治療プロセスに対して妨害的に作用しています。

第9章
焦点性

1 はじめに

　　認知療法では問題解決志向が基本的姿勢のひとつだと考えられて
おり，クライエントも介入全体にわたってその姿勢を維持すること
が求められます。したがって，目の前にある，解決しなければなら
ない問題に集中して，他の出来事や問題に気をとられない人は短期
認知療法のクライエントとして最適だと考えられます。

　　第9章では，問題が細分化され，限定された問題を深く探求しな
ければならない場面で，クライエントがどれだけ集中できるかが評
価されます。つまり，課題やセッションへの集中力，あるいは限定
されたテーマを深く探求できるか，などを評価します。

〈点数とアンカーポイント〉

0：評価できない。あるいは情報が不十分。
1：クライエントは，特定の状況に集中することができない。注意は散
　　漫でまとまりに欠ける。現在の話題を続けようとする治療者の努力
　　に対して無反応である。
2：クライエントは，特定の問題にあまり集中できない。特定のテーマ
　　に関する議論では，まとまりに欠ける感じがある。集中を維持する
　　ために，治療者の働きかけが必要である。
3：クライエントは，治療者の働きかけがなくても特定の問題に集中で

きる。

4：クライエントは，治療者の働きかけがなくても集中を持続でき，その状態に快適さも感じている。

5：クライエントは，治療者の働きかけがなくても問題に集中して取り組む高い能力をみせる。認知療法の構造の枠内で，重要な状況を言葉で表現したり深く探究したりする高い能力をみせる。

❷ この項目がなぜ重要なのか

　この項目はすべての心理療法にとって重要ですが，認知療法ではとくに重視されます。なぜなら，話題が焦点化されなければ，問題を何も解決できないからです。面接の時間は有限です。その時間内に問題を把握し，対処を検討し，それを検証するところまで介入を進めるためには，話題があちこちにそれないことがどうしても必要になります。広く浅く，いろいろな話題を扱うことが重要な場面も，認知療法ではもちろんあります。しかし，「いろいろな話題で面接の時間を使い果たし，大切な問題を詳細には把握・検討できなかった」というのでは，短期の認知療法は成立しません。クライエントも熱心に相談しているようで，実は焦点をあてるべき課題と向き合うことを回避しているかもしれません（第8章を参照してください）。

　一方，焦点性が低いために短期の介入に適合しなくても，認知療法では次のような内容を心理教育したり，面接内で促したりして，クライエントが自分で問題に焦点をあてられるよう導きます。

- 面接内で行なうことの構造化
- アジェンダのセッティング
- 焦点をあてる要素
- 焦点をあてる行動への働きかけと強化
- 体験の回避が起きていることの解釈

3 この項目の点数が高い人

3.1 焦点を絞った取り組みができ,
自主的に自分の問題解決に取り組める

　焦点性の高い人は,対話のピントが合っていますから介入がスムーズに進み,短期の認知療法にも適合します。

〈対話1〉

Cl. いつものように,今日話したい話題を箇条書きにメモしてきたんですけど。優先順に,朝起きられないときのこと,母を慰めたときのこと,職場で他の人のお喋りのせいで仕事を邪魔されイライラしたときのことが書いてあります。

Th. わかりました。では,優先度の高い順に取り組んでいきましょう。朝起きられないことは以前からの続きですね? 朝起きられないとき,自分のなかに湧いてくる感覚や感情,考えやイメージをモニタリングできましたか?

Cl. はい。まず前提として,遅くとも0時には布団に入るんですけど,2時くらいまで寝つけないことが最近多いんです。そのせいなのか,朝,目覚ましが鳴って目が覚めたとき,「まだ眠いなあ。もう少し眠りたい」という思いが強いんです。で,「今日は遅刻すればいいや」とかそういう考えが浮かぶと,決断がついたかのようにそのまま眠ってしまうんです。次に目が覚めるのが昼になってしまえば,自動的に無断欠勤ということになってしまって。冷静なときはもちろん,「そんなことすれば余計に出社しづらくなるので,したくない」と思うんですけど,自動的にそういう結果になってしまって,なかなか現状では改善できていません。

Th. なるほど。結構,細かいところまでとらえることができていますね。でも,そうすると,朝起きられないときのことだけじゃなく,夜,布団に入ってから寝つくまでの時間を短くすることを考えることも

第9章　焦点性　199

ひとつの解決策かもしれないですね？

Cl. そうなんです。そのときに，やっぱり仕事でうまく進んでいないところのことを考えていたり，それが憂うつだとか，そのままうまくいかなくて不安だとかがグルグル回ってしまうことが多いんですよね。

4 この項目の点数が低い人

4.1 集中できず，注意が散漫

　頻繁に話題を変えるため，出来事の状況を聞いている間に別の話題に移ってしまったり，毎回異なる話をするため継続的に1つの課題に取り組めなかったりします。それが繰り返されると，もはやどの課題に優先的に取り組むべきかわからなくなってしまいます。

〈対話2〉

Cl. この1週間は，何があったわけではないですけど，漠然とつらいです。

Th. 漠然とつらい？

Cl. はい。

Th. 何があったわけではないということは，何がきっかけかは，自分ではわからないということですか？

Cl. そうなんです。あと，話は変わりますけど，やっぱり朝起きられないことが続いています。

Th. そうですか。朝起きられないとき，自分のなかに湧いてくる感覚や感情，考えやイメージをモニタリングできましたか？

Cl. したんですけど，今週は水曜日に会社で，○○さんがすごく機嫌が悪くて，そこから仕事がなかなかうまく進まなくなったことで考え込んでしまって寝つけないことが多くて。どちらかというと，そんな状況でも仕事をうまく進めることができるやり方を相談した

いです。

（次の回）

Cl. 今日は，職場でのことを話したいんですけど。前の○○さんは機嫌がよくなったんですけど，他にすごくうるさく喋る2人がいて，こちらが頭を使う仕事をしているときに集中できない。でも，注意をすると，今度は注意した人の悪口を聞こえるように言ったりする。上司はその人たちをかばって全然取り合ってくれない。仕方がないので自分が部屋を移動したりして仕事をこなしている。でも，イライラして，頭や胃が痛くなって。

Th. それは困りますね。仕事に集中したいのに邪魔されたらイライラしますね。

Cl. 本当に困ります。

Th. どうしましょう？　今日は，この後の時間を，以前から検討していた朝起きられないときのことに引き続き取り組んだほうがいいでしょうか？　それとも，今の職場の話が優先ですか？

Cl. 今日は，職場のことをどうにかしたいです。結局，職場のことで頭がいっぱいで，寝つきが悪くなるので。

このような場合は，話題の優先順位を決め，一つひとつ解決してから次に進むべきことを確認することが必要になります。

4.2 話のまとまりに欠ける

必要な情報が話のなかに入っていなかったり，情報がなかなか揃わないために何度も質問する必要があったりする場合です。

〈対話3〉

Cl. この1週間は，何があったわけではないですけど，漠然とつらいです。

Th. 漠然とつらい？

Cl. はい。

Th. 何があったわけではないということは，何がきっかけかは，自分ではわからないということですか？

Cl. そうです。でも，喧嘩がありました。

Th. どんな喧嘩でしたか？

Cl. 大したことではなく，些細なことなんですけど。職場で皆が話を聞いてくれないことに対して，抱えきれないと言われてしまったみたいで。

Th. えーと，それは誰が誰にですか？

Cl. 母と，母の今付き合っている相手です。

Th. それはあなたに直接関係がないことでしたか？

Cl. そうです。母が彼の家で喧嘩して，しばらくずっとそっちにいたのに，泣いて帰ってきたんです。だから，夜中まで慰めていました。

このような場合は，焦点をあてるべき範囲や，それを明確に伝えることを強化するような，心理教育やスキルトレーニングを根気強く行なうことが必要です。

4.3 自分の問題や課題に焦点をあてない

自ら心理療法を希望し，料金を払って来談しているはずですが，事実関係や状況説明を話すだけで終わり，心理的な相談をしない，あるいは，ホームワークのような課題に取り組まない人もいます。

〈対話4〉

Cl. 週の前半は，体調もよくて，仕事も順調でした。でも，水曜日に会社で，○○さんがすごく不機嫌で，そこから仕事がなかなかうまく進まなくなりました。そんな感じの1週間でした。

Th. わかりました。では，今日，とくに相談したい話題やとくに話したい話題などはありますか？

Cl. 仕事が忙しくて，そこまでは今日は考えてきませんでした。宿題でいただいていた，朝なかなか起きられないときの自分を観察してく

るやつもやれませんでした。

Th. そうですか。では，今から，残りの時間で何に取り組みたいですか？ 前回まで検討していた，朝起きられないことについて引き続き相談しましょうか？ それとも，別の何かに焦点をあてましょうか？ 何か少しでも変えれば，わずかにでも新しい結果に出会えるかもしれませんから，今からで構いませんので考えてみませんか？

Cl. はい。そうですね。何がいいでしょう？

　このような場合に介入を進めるためには，面接の構造化についてクライエントと合意を形成して，治療同盟をきちんと結ぶことが重要です。また，防衛的操作によって，焦点性が低くなっている可能性があります。これについては第8章を参照してください。

第10章
治療に対する
楽観主義・悲観主義

1 はじめに

　心理臨床の現場では，積極的に治療に関わろうとするクライエントばかりが来談するとは限りません。治療に対するクライエントの姿勢は，短期認知療法のみならず治療そのものに対して促進的に作用することもあれば，妨害的に作用することもあります。そのため，できる限り早い段階でクライエントの姿勢を読み取り，それが心理的問題や症状の改善を妨害するかどうかを判断することが大切です。

　短期認知療法適合性尺度では，治療に対する悲観主義と楽観主義の程度を次のように区分しています。

〈点数とアンカーポイント〉

0：評価できない。あるいは情報が不十分。

1：クライエントは，治療が自らの人生に変化をもたらす可能性を信じていない。

2：クライエントは，治療の意義について懐疑的，あるいは悲観的である。

3：クライエントは，治療に対してある程度の期待を示す。

4：クライエントは，治療の結果について楽観的である。

5：クライエントは，治療が自らの人生に変化を生じさせることについて大いに楽観的であり，期待も大きい。

2 この項目がなぜ重要なのか

　アンカーポイントを見てわかることは，悲観主義や楽観主義がまさにクライエントの治療に対するモチベーションを表している，ということです。クライエントのモチベーションは治療にとってきわめて重要です。どんなに症状が軽度でも，クライエントのモチベーションが低いと治療は思うように進みません。とくに短期認知療法を実践しようとするときには，クライエントのモチベーションが適度に高いことが必要です。

2.1 悲観主義と楽観主義の検証

　治療に対する悲観主義や楽観主義の程度を判断するためのポイントは，次のように3つにまとめることができます。

1. クライエントの病歴や環境的問題
2. 来談経緯
3. 治療に対する姿勢

2.1.1 クライエントの病歴や環境的問題

　クライエントが精神科的診断をくだされている場合は，その診断名，発症してからの年数，重症度，既往歴などの医学的情報が役立ちますし，経済的問題，家族関係といった情報も役に立ちます。そこから，クライエントがこれまでどの程度の困難に遭遇し，どの程度の無力感や絶望感を体験してきたかを推測することができます。大きな無力感や絶望感を抱えるほど，治療に対して悲観的になることは自然なことです。

2.1.2 来談経緯

　クライエントが心理療法を受けるまでの来談経緯も重要です。た
とえば，本人の意思ではなく誰かに連れられて来談したクライエン
トは，心理療法が開始されても受動的で，あまり楽観的ではないか
もしれません。また，ドクターショッピングのように医療機関や心
理相談室を転々としている人のなかには，心理療法や心理的支援全
般に対して悲観的になっている人もいると思われます。彼らは他者
への依存心が強かったり，自己効力感が低かったりするために，治
療に対して悲観的になっているのかもしれません。

2.1.3 治療に対する姿勢

　クライエントが治療に対してあからさまに消極的であれば，治療
に対する悲観主義をみつけることは容易です。ところが，積極的に
みえても，それが強すぎるときには注意が必要です。たとえば，「認
知療法であれば何でも治せる」という過剰な期待があったり，「認知
療法をするしかない」，「認知療法さえすればよくなる」と認知療法
が唯一の選択肢のように考えていたりすると，それは「自分がよく
ならない」という思いに対する心的防衛なのかもしれません。こう
いうクライエントは，心理療法の進展を遅いと感じて耐えられなく
なったり，依存心が強いために「自らの治療者になる」という認知
療法の目標を達成できなくなったりします。

　セラピストはこれらのポイントを意識しながら，「治療に期待する
ことは何ですか？」とクライエントに質問して，それに対する反応
をよく吟味します。もし，クライエントが過剰な期待感を示したり，
無反応であったり，受動性が垣間みえたりしたときは，さらに質問
を重ねて悲観主義や楽観主義の程度を明確にします。

　治療に対する悲観主義や楽観主義の問題に気づかずに短期認知療
法を導入すると，クライエントはホームワークをやってこなかった
り，自らの思考を主体的に修正しようとしなかったり，面接に足を
運ぶこと自体が困難になったりするかもしれません。そのクライエ

ントは治療を否定的体験として積み重ねてしまいますから、心理的支援自体からドロップアウトする危険性があります。

2.2 治療に対して悲観的なクライエントの例

ここで、職場のストレスでうつ病を発症し、休職を余儀なくされた成人男性のクライエントを紹介します。

彼は、かかりつけの医療機関で薬物療法と集団認知療法を受けて復職できましたが、半年ほどで再発して再休職になり、主治医の指示でリワーク支援に参加することになりました。そのリワーク支援を行なっている機関では、認知療法に基づく認知修正、ソーシャルスキルトレーニング、リラクセーション、心理教育などのプログラムも体系的に行なっており、そのひとつに集団認知療法がありました。所属するセラピストが集団認知療法の進め方を説明したとき、彼は以前の集団認知療法にあまり効果を感じなかったこと、再度復職できる自信がないことについて語りました。以前の認知療法で取り組んだことを尋ねたところ、あまり適切な内容ではなかったことがわかりました。そこで、うつ病の認知行動理論や認知療法の手法などについてていねいに心理教育を行なったところ、彼は内容を十分に理解していなかったことに気づきました。認知療法への理解を改めて深めることで、回復への期待感や楽観主義が大きく増しました。

3 この項目の点数が高い人

「5」は、変化を主体的に生じさせることに対して大いに楽観的です。クライエントは、認知療法に対して前向きで、セラピストはラポールの形成も容易と感じるでしょう。また、治療に対する過大な期待感はなく、その効果を現実的にとらえることができます。さらに、認知療法の長所も短所もバランスよく理解できるため、セッ

ション中の心理教育や認知の検討などの場面で適応的に反応するで
しょう。

「4」は，治療の効果に対して楽観的です。クライエントは，治療
に対して多少の不安を抱えていたとしても，改善するなら取り組み
たいと意欲を示します。治療に対しておおむね肯定的なことから，
セラピストの発言や心理教育を積極的に受け入れようとする姿勢が
みられます。治療プロセスも滞りなく進むため，セラピストとして
も負担感があまりないでしょう。

4 この項目の点数が低い人

「3」は，クライエントが治療に取り組むことに対して，ある程度
の期待感を示す状態です。ある程度の期待感とは，積極的には望ま
ないが，試しに受けてみても構わない姿勢と言えます。しかし，こ
うしたクライエントは短期認知療法によって生じた肯定的な変化に
対しても懐疑的で，治療へのモチベーション維持が難しいこともあ
ります。

「2」は，治療の意義について懐疑的，あるいは悲観的です。クラ
イエントが治療への疑いが強く，治療プロセスに素直に乗ってくれ
ない難しさをセラピストは感じます。クライエントは，セラピスト
の発言や態度に対しても懐疑的になるため，認知を柔軟にすること
が難しくなります。その疑念や悲観主義を修正することに時間がか
なり割かれてしまいます。

「1」は，クライエントが自分の変化の可能性をまったく信じてい
ない，きわめて悲観的な状態です。クライエントは無力感や絶望感
に襲われており，強い感情的な反応によって認知の狭小化が生じて
います。そのため，治療に対して否定的な評価しか持つことができ
ません。このような状態では，自らの思考や行動を検討したり，自
らの感情に気づいたりする作業が困難になります。

編者あとがき

　臨床心理学の大学院を修了してから，筆者である私たちの働く場所は長い間でそれぞれ変わりました。今では，私たちの臨床に影響を与えた人物，受け持つクライエントが抱える問題，臨床上の興味関心もそれぞれ大きく異なっています。しかし，久しぶりに会う仲間は，誰の顔にも真摯にクライエントと向き合いながら臨床経験を重ねてきた跡がはっきりと刻まれており，その経験の背景には認知行動療法の理念が通奏低音のように常に流れていることは間違いありませんでした。私たちの多様な経験をまとめる作業は発案者の石垣先生のご尽力がなければ難しいことでしたが，執筆を通じて互いの貴重な経験を共有できたことは，臨床家としての成長をもたらしてくれる喜ばしい出来事だったと言えます。

　本書では，ソクラテス的手法を詳細に解説したオーバーホルザーの論文と，短期認知療法への適合性に関するサフラン＆シーガルの論文をもとにして，認知療法における「問う力」を包括的かつ実践的に示すことを目的にしました。ソクラテス的手法に関して，日本ではこれまで，質問例が示される程度の説明にとどまっていました。名ばかりが先行して内容があいまいなままだったと言えます。本書は，このあいまいさを取り除き，ソクラテス的手法の本質に迫る日本で初めての出版物になった，と私たちは自負しています。

系統的質問と帰納的推論は，初学者にはやや難しいかもしれません。そこで，プロトコルをできる限り詳しく載せて，対話の感触をつかみ，内容を理解しやすいように心がけました。全体を通じて，多様な場面で応用できる汎用性がソクラテス的手法の特長のひとつだと気づいていただければ幸いです。

　さて，マインドフルネスに代表される「第三世代の行動療法」が盛んなこの時代に，あえてソクラテス的手法を世に問うことの意義は何でしょうか？

　弟子であるプラトンやアリストテレスが記録したソクラテスの対話をていねいに読むと，やや執拗な印象はありますが，彼は見事に系統立てた質問を繰り返し，たくさんの事例を挙げて帰納的に相手の考えを検討し，そこから普遍的な定義を導き出しています。既知の事柄も一旦棚に上げる謙虚さ（知識の否認）を示し，さらに対話を通して自らの生き方をよりよくする自己変革にも取り組んでいました。ソクラテスのこうした実直な姿勢はもちろんのこと，オーバーホルザーの研究がソクラテスの対話のプロセスを見事に描き出していることは驚嘆に値します。

　仏教の禅宗では「指月の譬」が語り継がれてきました。「月夜で道に迷う者に対して，その指を持って月を示しても，指をみてしまい月をみない」という意味です。これは，言葉とそれが指し示す真実が異なることのたとえでもあります。

　マインドフルネスでは，言葉から距離を置いて不適応な認知処理から体験的に脱却することを試みます。「指月の譬」を乗り越えるためにも，言葉よりも体験が大切なような気がします。しかし，本書の執筆を通じてソクラテス的手法の素晴らしさに触れた私たちは，言葉を用いる方法は本当に効果が低いのか，と疑問に思うようになりました。不立文字であるはずの禅にもかなりの書物が存在していること自体が，言葉の持つ重要性を示唆しているのではないかと思います。直接的な体験による方法か，言葉による間接的な方法か，という二分法的な考え方は捨てたほうがよいのです。

編者あとがき 211

　マインドフルネスはトリートメントの技法ですが，それのみを重視すると「解決志向」的なアプローチに偏ってしまいます。トリートメントの効果維持のためには，問題に的確に狙いを定めることが重要です。そのためには何よりも「問う力」が大切になります。また，アセスメントが終わり，問題解決のために種々の技法を適用する段階においても，技法の種類やそれを使うタイミング，技法がもたらす結果などの検証は必須であり，このときも「問う力」が求められます。つまり，「第三世代の行動療法」であっても，その効果を遺憾なく発揮するためには，「問う力」が必要不可欠だということです。

　短期認知療法適合性尺度の項目は，一見するとソクラテス的手法とは無関係に思われますが，これも結局のところ「問う力」なのです。この尺度の本質的な目的は，短期介入が可能な人を長期介入に組み込んでしまったり，長期介入が必要な人を短期介入で済ませようとしたりするという，治療者本位の独りよがりな態度を排除することです。目の前のクライエントにもっとも適切な介入は何か，ということを臨床家は真摯に考え，「問う力」を磨く必要があることを，この尺度は教えてくれます。

　本書の意義を理解して長期にわたりご協力いただいた金剛出版の藤井裕二氏と浦和由希氏に感謝します。最後に，私たちと出会い，対話を重ね，多くのことを学ばせてくれた多くのクライエントに，心より感謝の言葉をお伝えしたいと思います。

2019年1月
筆者を代表して

山本貢司

索 引

人名

ベック，アーロン ... 2, 17–18, 154–155, 178
クローン，ディータ 27
ズリラ，トーマス 33
フリーマン，アーサー 4
ゴールドフリード，マービン 33
ヘックマン，グスタフ 16
ネルゾン，レオナルド 16
オーバーホルザー，ジェームス 4, 6, 17,
20–23, 25, 29–30, 33, 71, 103–105, 108,
112, 115, 119–120, 124, 126, 132–133, 177,
209–210
プラトン 13, 15, 210
ロジャーズ，カール 2
サフラン，ジェレミー 5–6, 145–146, 209
シーガル，ジンデル 5–6, 145, 209
ソクラテス 13, 15–17, 21, 27, 84, 86, 101

A〜Z

ABC分析 35, 171
CBT-SUITS 150–151
SSCR［▶短期認知療法適合性尺度］

あ

悪循環 95, 127, 128, 135, 166
アクセプタンス・コミットメント・セラ
ピー 17
アジェンダ 197

安全希求行動 135, 140
安全行動 135
依存症 135, 140
陰性転移 188
うつ病 3, 24, 94, 129–130, 132, 186–187,
206
　——相 180, 183
　——の認知の歪み理論 154–155
エクササイズ 171
オープン・クエスチョン 49

か

外在化 70, 114, 116
外傷性ストレス障害 62
外的帰属 164
介入目標 168
回避行動 95, 167, 190–191
確証バイアス 23, 59, 105, 109, 113
確認強迫 123–124
過剰適応 180
過剰な責任感 124
過剰補償 190–192
過食 40, 137
家族歴 37, 193
活動記録表 78
過度の一般化 23, 58
環境調整 135
感情体験 159–160
感情の質と強さ 159
完璧主義 127–128

緘黙状態 179
既往歴 37, 182, 204
帰納的推論 20–23, 57–59, 82, 86, 210
強化 25, 54, 59, 65, 103, 197, 201
共感的理解 140, 178
協同的経験主義 26, 103, 116, 176–177
強迫観念 94, 135–136
強迫行為 93, 124, 135–136, 140
極端な基準 98
クライエント中心療法 2, 14
系統的質問 20–21, 29–33, 210
ケースフォーミュレーション 39, 44,
126–128, 145, 164, 166, 171, 187
原因帰属 24, 148
後悔 60, 137
好奇心 2, 104, 171
構造化 2, 5, 29, 33, 55, 197, 202
行動化 191
行動分析 56
行動療法 17, 178
　　第三世代の—— 3–4, 6, 210–211
公認心理師 3
コーピング・カード法 53
コミュニケーションスキル 183

さ

罪悪感 129–130, 138, 162
猜疑心 180
再発予防プログラム 187
視覚的イメージ 19

思考実験 124–125
自己嫌悪 137–138, 140
自己肯定感 98
自己責任 146–147, 163–168
自己非難 163
自己批判 129, 163
自己変革 20–21, 26, 56, 119–121, 126,
140, 165, 210
自尊心 24, 179
下向き矢印法 39
自動思考 113–116, 128, 146–147,
153–157, 171–172
社交不安症 135
集団認知療法 206
自由連想法 56
焦点性 146, 149, 196–198, 202
衝動 133–135, 139
初回面接 30, 165–166, 193
事例の定式化 ［▶ケースフォーミュレー
ション］
心的現実 38, 41, 55
心的防衛 156, 161, 205
信頼関係 67, 110, 148, 181
信頼性尺度 5
心理教育 113, 116, 135, 156–157, 166,
168, 171, 197, 201, 206–207
心理的虐待 96–97, 99
診療報酬 3, 5
心理療法 ...1, 3–4, 13–14, 17, 21, 23, 27, 64,
73, 75, 78, 147, 166, 171–172, 176, 178,
193–194, 197, 201, 205

スーパーヴァイザー 108
スキーマ 39, 67–70, 109, 154, 157, 186
　抑うつ—— 154
スキルトレーニング 201
ストレッサー 186
生育歴 37, 148
生活習慣 171
成功体験リスト 132
精神分析的心理療法 14
性的虐待 193–194
摂食障害 135
絶望感 204, 207
セルフマネジメント 165
セルフモニタリング 170–171
洗浄強迫 139
洗浄行為 135, 138–139
躁状態 180
躁病相 180, 183
ソクラテス的手法 1–4, 6, 15–23, 26,
28–29, 33, 38, 44, 55, 57, 71, 76, 86, 101,
105, 108, 112, 119–121, 124, 126–127,
129–131, 133–134, 138, 165, 170
ソーシャルスキルトレーニング 206

た

対処可能性 24
対人不信 183
短期認知療法適合性尺度 1–2, 5–6, 146,
150–151, 177, 181, 184, 203, 211
知識の移動 75–76

知識の否認 20–21, 25–26, 56, 101–105,
107–109, 111–113, 116, 119, 210
中庸な見方 131
長期的な人生目標 124, 134
長期的な満足主義 134
直面化 81, 193
治療関係 ... 14, 103, 148, 169–170, 176–178,
180, 191
治療的コミュニケーション 1, 27
治療同盟 146, 148, 170, 176–182, 202
治療歴 182
適応障害 125, 186
動機づけ面接法 56
統合失調症スペクトラム障害........180, 183
ドクターショッピング 205
トラウマ体験 186
トラウマ反応 62

な

二重の注意 62, 68
二分法的思考 131
認知行動モデル 38, 116
認知行動理論 14, 38, 44, 164, 166,
169–170, 172, 206
認知再構成 73, 111, 160
認知修正 206
認知的不協和 59
認知理論 146–147, 166, 169–174
ネグレクト 99
ノーマライジング 130

は

パーソナリティ 185
　——障害 185, 191
曝露課題 167
曝露法 167
恥.................................. 112, 129–130, 162
パニック症 135
パニック症状 193
パニック発作 135
早すぎる一般化 58
パワーハラスメント（パワハラ）....74–75,
78, 81, 96–97, 130
判断保留の法則 49
悲観主義 146, 150, 203–205, 207
ひきこもり 186
被虐待経験 183
非言語的サイン 160
飛躍した推論 93
評価者 180, 184
広場恐怖 167
複雑性トラウマ 97
服従行動 190–191
不合理な信念 39, 104
物質依存の自己治療仮説 140
不登校 186
普遍的定義 20–21, 24–25, 57, 82–86,
88–89, 91–92, 94, 96–100
防衛的操作 146, 149, 156–157, 188–195,
202

ホットな認知 160

ま

マインドフルネス 17, 19, 210–211
学びへの純粋な欲求 25, 104, 108
無力感 171, 204, 207
メタファー 135–136
問題解決...13, 29, 33, 55, 74, 103–105, 120,
128, 176, 198, 211
　——アプローチ 33
　——志向 149, 196

や

薬物療法 166, 206

ら

楽観主義 146, 150, 203–206
ランダム化対照試験.......................................3
量の法則 49
リラクセーション 206
リワーク支援 206
ルール 16–17, 39, 49, 54, 63
劣等感 85
ロールプレイ 109

［執筆者一覧］（五十音順）

東京駒場CBT研究会

石垣琢麿（いしがき たくま） ｜（編者略歴参照）
第1部 はじめに，第2部 はじめに

石川亮太郎（いしかわ りょうたろう）｜大正大学心理社会学部臨床心理学科
第1部 第5章，第2部 第3章・第7章

西口雄基（にしぐち ゆうき）｜東京大学駒場学生相談所
第1部 はじめに

葉柴陽子（はしば ようこ） ｜メディカルケア虎ノ門／目白ジュンクリニック
第1部 第4章，第2部 第5章・第6章

濱田馨史（はまだ きよふみ） ｜医療法人社団博奉会 相模ヶ丘病院
第1部 第1章，第2部 第4章・第9章

山本貢司（やまもと こうじ） ｜（編者略歴参照）
第1部 はじめに・第3章，第2部 第8章・第10章

山本裕美子（やまもと ゆみこ）｜田園調布カウンセリングオフィス
第1部 第2章，第2部 第1章・第2章

[編者略歴]

石垣琢麿 | いしがきたくま

1987年，東京大学文学部心理学科卒業。1993年，浜松医科大学医学部卒業。1999年，東京大学大学院総合文化研究科博士課程修了。現在，東京大学大学院総合文化研究科教授。

主要著訳書

『認知行動療法100のポイント』（監訳・金剛出版［2010］），『認知行動療法を身につける——グループとセルフヘルプのためのCBTトレーナーガイドブック』（監修・金剛出版［2011］），『あなたの自己回復力を育てる——認知行動療法とレジリエンス』（監訳・金剛出版［2015］），『認知行動療法セルフカウンセリング・ガイド』（共訳・金剛出版［2016］）ほか多数。

山本貢司 | やまもとこうじ

2002年，日本銀行退職。2006年，横浜国立大学大学院教育学研究科修士課程修了。現在，田園調布カウンセリングオフィス所長。

主要著訳書

『PTSD・強迫性障害・統合失調症・妄想への対応——ワークショップから学ぶ認知行動療法の最前線』（分担翻訳・金子書房［2008］），『認知行動療法100のポイント』（分担翻訳・金剛出版［2010］），『統合失調症を理解し支援するための認知行動療法（Challenge the CBT）』（分担翻訳・金剛出版［2011］），『APA心理学大辞典』（分担翻訳・培風館［2013］），『集団認知行動療法実践マニュアル』（共著・星和書店［2011］）ほか。

クライエントの言葉をひきだす

認知療法の「問う力」
ソクラテス的手法を使いこなす

2019年6月10日　発行
2022年1月10日　4刷

編　者―――――石垣琢麿・山本貢司
著　者―――――東京駒場CBT研究会

発行者―――――立石正信
発行所―――――株式会社 金剛出版
　　　　　　　　〒112-0005 東京都文京区水道1-5-16　電話03-3815-6661　振替00120-6-34848

装幀｜コバヤシタケシ　印刷・製本｜平文社
ISBN 978-4-7724-1701-3 C3011　©2019 Printed in Japan

事例で学ぶ統合失調症のための
認知行動療法

［編著］=石垣琢麿 菊池安希子 松本和紀 古村健

●A5判 ●上製 ●312頁 ●定価 **4,620**円
● ISBN978-4-7724-1699-3 C3011

症状中心アプローチと
エビデンス・ベイスト・プラクティスを両輪とする
「統合失調症のための認知行動療法（CBTp）」のエッセンスを解説する。

あなたの自己回復力を育てる
認知行動療法とレジリエンス

［著］=マイケル・ニーナン 　［監訳］=石垣琢麿 　［訳］=柳沢圭子

●A5判 ●並製 ●272頁 ●定価 **3,740**円
● ISBN978-4-7724-1418-0 C3011

トラウマや喪失や
トラブルにも折れない心，
「回復力＝レジリエンス」を鍛えるための
クリニカルエッセイ。

Challenge the CBT シリーズ
統合失調症を理解し支援するための
認知行動療法

［著］=デイビッド・ファウラー フィリッパ・ガレティ エリザベス・カイパース
［監訳］=石垣琢麿 丹野義彦 　［訳］=東京駒場CBT研究会

●A5判 ●並製 ●264頁 ●定価 **3,960**円
● ISBN978-4-7724-1179-0 C3011

妄想・幻聴体験を受け入れながら，
その治療方法を導くための認知行動療法。

価格は 10%税込です。

Challenge the CBT シリーズ

認知行動療法を身につける
グループとセルフヘルプのための CBT トレーニングブック

[監修]=伊藤絵美 石垣琢麿 [著]=大島郁葉 安元万佑子

●B5判 ●並製 ●208頁 ●定価 **3,080**円
● ISBN978-4-7724-1205-6 C3011

クライエントの症例に応じたオーダーメイド型 CBT を学ぶ
グループとセルフヘルプのための一冊。

Challenge the CBT シリーズ

認知行動療法を提供する
クライエントとともに歩む実践家のためのガイドブック

[監修]=伊藤絵美 石垣琢麿
[著]=大島郁葉 葉柴陽子 和田聡美 山本裕美子

●B5判 ●並製 ●250頁 ●定価 **3,520**円
● ISBN978-4-7724-1440-1 C3011

『認知行動療法を身につける』を上手に使って
うつ・ストレス・不安に対処するためのトレーナー必携マニュアル！

Challenge the CBT シリーズ

いつまでも健康で幸せに生きる！
認知行動療法
セルフカウンセリング・ガイド

[著]=アルド・R・プッチ [訳]=森重さとり 石垣琢麿

●B5判 ●並製 ●176頁 ●定価 **3,080**円
● ISBN978-4-7724-1492-0 C3011

認知行動療法と論理情動療法を発展させた
「うつ」や「ストレス」に効くセルフコントロールツール。

価格は 10％税込です。

恥の烙印
精神的疾病へのスティグマと変化への道標

[著]=スティーブン・P・ヒンショー　[監訳]=石垣琢麿　[訳]=柳沢圭子

●A5判 ●上製 ●480頁 ●定価 **9,020**円
● ISBN978-4-7724-1566-8 C3011

カリフォルニア大学バークレー校教授
発達臨床心理学研究の世界的権威の
スティーブン・ヒンショウによる
包括的な心理学的精神障害者スティグマ論。

認知行動療法 実践レッスン
エキスパートに学ぶ 12 の極意

[編]=神村栄一

●A5判 ●並製 ●192頁 ●定価 **3,520**円
● ISBN978-4-7724-1397-8 C3011

対応に苦慮するクライエント支援のための
12 の秘訣をエキスパートが伝授する。
中上級レベルの CBT を目指す
セラピストのための必読テキスト。

はじめてまなぶ行動療法

[著]=三田村仰

●A5判 ●並製 ●336頁 ●定価 **3,520**円
● ISBN978-4-7724-1572-9 C3011

「パブロフの犬」の実験から認知行動療法,
臨床行動分析, DBT, ACT, マインドフルネスまで,
行動療法の基礎と最新のムーブメントを解説した
行動療法入門ガイド。

価格は 10％税込です。